MAURICE PRIVAT

Construisons l'Europe...

Le XX siècle sera
le siècle des États-Unis
d'Europe.*
VICTOR HUGO

Europe ô ma patrie !...
JULES ROMAINS

LES ÉDITIONS DE L'AVENIR
50, Rue Étienne-Marcel,
PARIS II*

Construisons l'Europe...

Le XXe siècle sera le siècle des États-Unis d'Europe.

VICTOR HUGO

Europe ô ma patrie !...

JULES ROMAINS

LES ÉDITIONS DE L'AVENIR
5o, rue Etienne-Marcel,
PARIS IIe

DU MÊME AUTEUR

POLITIQUE

Vive la République ! (Essai sur l'organisation d'un gouvernement démocratique).

(La Renaissance du Livre.)

ÉCONOMIQUE

Si j'étais ministre du Commerce.

(La Renaissance du Livre.)

ROMANS

L'Aventurière aux yeux verts (Série du Règne du Veau d'or)

(Les Editions du Monde Moderne.)

La Victoire en cage (Série du Règne du Veau d'or). (à paraître).

Monte là-dessus, roman gai.

(Les Editions du Siècle.)

POLITIQUE ÉTRANGÈRE

Comment détruire l'esprit allemand.

(Editions et Librairie.)

Qu'entendez-vous par détruire le militarisme allemand ?

(Henry Floury.)

CONFESSION

———

PEUT-ON *dire que le* XVIIIᵉ *siècle est mort en 1813, lorsque les nationalismes se dressèrent contre la Révolution bottée? Je suis un fils de ce* XVIIIᵉ *siècle, qui me paraît être le grand siècle français. J'aime son goût des idées, sa gracieuse espièglerie, son esprit enjoué, son enthousiasme. Il avait remplacé l'Europe féodale par une Europe cultivée dont Paris était la capitale, où la langue française était celle de la bonne compagnie et qui eût voulu être de la fâcheuse.*

J'ai dû évoluer pour aller du XVIIIᵉ *siècle au* XXᵉ*, né en 1914 et si malaisé à définir. Bon Européen, attaché à la paix, j'ai conclu, durant la guerre, qu'un des moyens pour éviter l'invasion germanique était de contrôler la rive gauche du Rhin, sans comprendre que l'avion rendait caduques les frontières naturelles. Redoutant, pour la France, la poussée internationale, je ne voyais pas assez qu'elle imposait un ordre constructif. Cherchant la meilleure répartition des richesses, j'étais parti des physiocrates, sans oser aller jusqu'aux problèmes mondiaux posés par la*

répartition des matières premières et le travail organisé.

Par instinct, beaucoup avaient embrassé
des idées qui m'effrayaient un peu. La mystique cerne la politique et l'entraîne. Mais les
illuminés me faisaient sourire. En réfléchis-
sant, les ai-je rejoints ? Certes, le XVIII° siècle
avait l'esprit européen. Mais c'est le XX° siècle
qui réalisera l'Europe. Avec tant d'élans et
même d'intérêts qui la cherchent, aveuglé-
ment ou passionnément, on finira bien par
construire un pont.

Ai-je beaucoup changé ? Je ne m'en aper-
çois guère. L'homme de quarante ans ne sait
pas qu'il n'a plus cette belle jeunesse, qu'il
regrettera plus tard. J'ai longtemps cherché ;
j'ai trouvé des chemins. Or l'on ne découvre
que ce qui était en soi, à moins de répéter
des leçons apprises, comme les perroquets.
Je tendais vers mes pensées actuelles. De cet
observatoire, je découvre plus d'horizon. Peut-
être dois-je à la T. S. F. d'avoir mieux pesé
des questions, précisé des aspirations. Si la
Révolution est due à l'imprimerie, la radiophonie aura des répercussions plus immenses. Elle exige une langue internationale et
transforme les nations en provinces. Mais il
est d'autres forces, qu'on ne saurait méconnaître.

C'est en comparant, en examinant, que j'ai mieux compris l'époque prodigieuse où nous vivons.

La confusion règne dans les esprits et dans les cœurs : si ces réflexions peuvent aider quelques-uns à voir clair je n'aurai pas perdu mon temps. D'ailleurs, est-il mauvais de mettre en circulation un document sincère ?

Cette confession étant terminée, il est temps de s'en ressouvenir : le moi est haïssable.

IMAGERIE DU MONDE

Quand on observe le monde né du champ de bataille, on remarque la transformation des Etats, des sociétés, des moyens de puissance.

L'Angleterre a dû accorder une quasi-indépendance à ses colonies, dont certaines font des lois contre leurs rivales, obéissant, en principe, au même Souverain. L'Empire Britannique est devenu une Fédération. La France s'efforce d'absorber ses colonies africaines, qui forment, avec elle, un bloc de cent millions d'habitants, ce qu'elle ignore trop encore. La Maison d'Autriche a été vaincue et ses éléments épars sont devenus Nations. La défaite de l'Allemagne, contre qui fut dressée la jeunesse en fleur de tous les continents, marque le nouvel avènement à la politique des races de couleur, la fin de l'hégémonie que l'homme blanc avait acquise. La Russie féodale s'est écroulée, confiant à l'Etat plus de pouvoirs que n'en possédait le tsar. Ayant un autre tchin, une morale particulière, un ordre dominé par une hiérarchie implacable, elle a déclaré la guerre aux mœurs et aux lois de l'Occident, qu'elle s'efforce de détruire par tous les moyens.

L'Italie rêve de l'Empire romain, et son appétit est exaspéré comme son ivresse guerrière. La Grande-Bretagne intrigue dans les carrefours des races, prête à allumer tous les incendies pour conserver la route des Indes et les richesses de Golconde. Les Etats-Unis, possédant les deux tiers de l'or qu'amassèrent les générations, débordant de vitalité, ayant besoin d'exporter leur production fantastique, imposent leur volonté par des ouvertures de crédits et, dominant la Terre par les films, songent à la conquérir par la T. S. F. en faisant rayonner, dans l'éther, leur puissance indéfinie. La Chine est un champ de bataille sur lequel roulent des livres sterlings, des dollars et des roubles.

Les religions, armatures des sociétés, connaissent des crises aussi vastes. Le christianisme a vu reculer son influence, qui reste considérable, mais que les nationalismes, comme l'esprit scientifique et la philosophie, font reculer chaque jour. L'animisme a repris possession de la Russie que Rome guette, cherchant un compromis avec l'orthodoxie. Le protestantisme perd de sa raideur tutélaire et se voit envahi par la mystique orientale autant que par le spiritisme. Le mahométisme est en pleine décadence, bien qu'il se flatte de gains immenses, dangereux pour sa

doctrine, car les superstitions le taraudent.
Le confucianisme n'est plus la loi de la Chine
et, sauf au Thibet, qui reconnaîtrait le boud-
dhisme dans les rites où l'habitude l'emporte
sur la foi. Le fétichisme se décompose. Pourtant, une vague de mysticisme roule par le
monde, plus que jamais, et ils sont nombreux
ceux qui élèvent, dans leur cœur, un autel
au Dieu Inconnu. Une nouvelle religion peut
éclore demain et ses adeptes seraient innombrables.

Les sociétés ont mué. L'instruction et les
chemins de fer ont unifié les Etats. Les métiers ont obéi aux lois de la demande. L'agriculture a acquis un nouveau prolétariat. L'armée des fonctionnaires a décuplé d'importance. La société anonyme a transformé la
propriété, édifiant une féodalité économique.
Pour lutter contre elle les travailleurs ont dû
se grouper et témoigner de leur force. Les
catégories sociales, hier délimitées, se sont
mêlées et les partis politiques ont encore
ajouté à la confusion. Le collectif et l'individuel cherchent leurs frontières. La famille
évolue, comme les mœurs. Le féminisme
emporte, constamment, de nouvelles digues.
Tour à tour, la force et l'autorité ont régné,
le savoir espéra s'imposer ; l'argent est
maître, aujourd'hui.

Les moyens de puissance sont, également, différents.

Ici une remarque : différent ne saurait signifier nouveau. Les Romains connaissaient la société anonyme et organisaient, par elle, de fructueuses expéditions coloniales. **Les Templiers ont mis en œuvre les comptes de crédit.** Vauban défendait les cités par des moyens analogues à ceux qu'utilisaient les **légionnaires. Le feu grégeois eut relativement** autant d'influence que le sous-marin. **Les brasiers qui crépitaient vers le ciel annonçaient la prise de Troie ou la défaite de César** comme le télégraphe. Le château féodal protégeait fréquemment les travailleurs **comme** l'usine abondante en œuvres sociales. **Nous** ne comparons pas, préférant situer. **Depuis** qu'il y a des hommes, toutes les formes politiques, sociales, économiques ont eu leur période. Lénine a recommencé, en Moscovie, l'expérience poursuivie par les Jésuites au Paraguay. L'aventure de Law, d'ailleurs grand financier, rappelle celle de l'Allemagne ruinant le mark. Il serait facile de multiplier d'analogues rapprochements. **Nous** observons notre temps sans rechercher **les** causes lointaines de son destin. A Saint-Jean-d'Acre, le premier grand échec de sa vie, **qui** l'obligea à retourner en arrière, Bonaparte rencontra Hudson Lowe, qui devait être son geôlier. Cela n'est passionnant que pour le philosophe.

Donc les moyens de puissance sont formidablement accrus par suite des travaux scientifiques et de l'unification du monde. La rue moderne et les mitrailleuses, ainsi que les pompes à incendie, permettent la révolution mais interdisent l'émeute. La guerre, telle que nous l'avons connue, n'est plus possible que pour les raids aux colonies et dans les pays mal outillés. Paris ou Londres peuvent être détruits en une nuit. Les gaz asphyxiants et les obus chargés de bacilles pourraient anéantir toute vie en des provinces entières. La spéculation est capable, en un mois, d'anéantir le crédit d'un Etat. La presse, le cinéma, la T. S. F. sont des forces immenses et qui les détient est le maître du monde. Des groupes financiers richissimes, dont les intérêts sont épars sur la planète, conservent et étendent leur fortune en déléguant leurs hommes au pouvoir. Ils s'efforcent de capter les moyens d'information. Les trusts des matières premières les combattent ou s'allient avec eux. A quoi bon embastiller un écrivain, il suffit de lui interdire de publier sa pensée. Le peuple n'est souverain qu'en apparence, parce qu'on cuisine les formules comme les partis. Pour lancer des idées, pour grouper des apôtres, il faut des hommes et de l'argent. Le suffrage universel, qui n'est pas complété par le referendum, est un leurre, mais pourquoi n'a-t-on qu'à peine vu qu'il fallait organiser les intérêts des modestes, en recourant à la coopération et aux associations d'usagers en intégrant, dans la démocratie, les forces économiques. Des pactes de famine terrorisent les agriculteurs du Far-West et mettent des milliers de fermiers sous la coupe des jongleurs de l'agio. Enfin, les syndicats inquiètent l'Etat, dont ils émiettent la majesté, et constituent une force singulière qui pourrait rivaliser avec les féodaux et assurer la démocratie économique, leur effroi.

C'est dans ce chaos tumultueux qu'il faut bâtir l'Europe et le Monde, en les rendant habitables à tous.

L'EUROPE A-T-ELLE DES LIMITES ?

IL y a eu plusieurs Europe. Après la ruine du monde antique nous avons vu édifier l'Europe chrétienne. L'Europe de Louis XIV avait la Pologne pour limite. Celle du XVIIIᵉ siècle accueillit la Russie. A la fin du XIXᵉ siècle, sans la versatilité, l'inquiétude nerveuse de Guillaume II, on aurait pu concevoir une Société des Nations européennes avec la Grande-Bretagne, l'Allemagne, la Russie, l'Italie, l'Autriche, ce qui aurait obligé Paris, Bruxelles, Madrid et La Haye comme Bucarest et Belgrade à entrer dans ce groupement qui aurait imposé sa loi à la planète.

L'Europe d'aujourd'hui est une expression géographique. La Russie tournée vers l'Asie, qu'elle aiguillonne, s'en est momentanément exclue. Malgré cela, ce continent est sans limites. Les territoires coloniaux sont le prolongement des nations et les nécessités économiques les relient étroitement. Si le vin d'Australie concurrence, à Londres, notre vin de Bourgogne, c'est parce que l'Australie dépend de la Grande-Bretagne. Même dans les colonies d'exploitation, les questions de matières premières sont si essentielles qu'elles causent des interventions passionnées. Les Etats-Unis ont crié au vol lors de la mise en œuvre du plan Stevenson pour un rendement scientifique de caoutchouc, qui leur imposait de payer plus cher la précieuse gomme. Ses doléances ressemblaient à celles qu'elle émit pour le prix des potasses ou à ses méthodes contre les pipes de Saint-Claude.

Pratiquement l'Europe est complétée par ses colonies et, aussi, par l'essaim de ses nationaux dispersés à travers le monde. Elle s'agrandit, également, des intérêts que ses hommes d'affaires se sont assurés dans les deux hémisphères. Elle règne sur les océans, elle domine par les affaires. Si le trust anglo-hollandais du pétrole, qui a des associés dans tous les porteurs de ses actions, a pu être cause de guerres ou de conflits internationaux, ce n'est pas par sa puissance propre, mais parce qu'il avait su mobiliser des gouvernements et des armées pour le soutenir.

Tous les jours, on irradie des ondes dans l'espace, et c'est la plus étonnante kermesse de concerts dans les cieux. Des stations couvrent trois continents. Il en est qu'on peut capter sur presque toute la surface terrestre. L'Europe chante, pour elle et pour l'univers.

De Paris, on pourrait parler aux Américains aisément et l'Espagne, bientôt dira ce qui lui plaira aux Argentins, comme aux Chiliens et à tous les familiers de la langue espagnole, dans le Nouveau Monde. L'avion pourra continuer à subir des frontières idéales. Les ondes hertziennes les ignorent. La pensée de l'Europe peut s'éployer librement. La T.S.F. lui donne un caractère infini. Pourra-t-elle être projetée dans les étendues stellaires ? Qu'importe, en l'occurrence. La radiophonie assure l'unité de la planète. L'Europe est illimitée.

Il était facile de concevoir les Etats-Unis d'Europe au XIX⁰ siècle. Alors, l'Europe était une. Aujourd'hui, nous voyons les centres, mais où s'arrête la circonférence? La guerre de 1914 a, bien montré que les frontières politiques étaient débordées. Une partie de l'Asie et de l'Afrique furent mobilisées, comme les Etats-Unis, tandis que le Brésil intervenait et que l'Australie tenait, avec la Nouvelle-Zélande, à assurer le libre passage par le canal de Suez. L'Allemagne cherchait à faire révolter l'Islam, l'Angleterre soutenait la révolte arabe contre la Turquie et créait l'Etat sioniste. Le conflit débordait l'Europe parce que l'Europe avait envahi le monde. Or elle s'est étendue encore. Rien ne la borne plus. Mais elle rencontre, sous une autre forme que dans les siècles antérieurs, des compétitions passionnées. L'impérialisme des Etats-Unis et l'impérialisme moscovite sont en guerre ouverte avec elle.

L'impérialisme industriel des Etats-Unis a besoin de débouchés. Il arbitre l'Europe. Il a assuré la victoire dans le camp de l'Entente en jetant ses masses d'hommes et ses milliards sur le champ de bataille. Sans doute c'était, en grande partie, pour sauver les créances de ses hommes d'affaires, mais cela regarde la question morale. Il a résolu le problème des Réparations par le plan Dawes. Ses nationaux ont des intérêts dans la Haute-Silésie, comme dans la Ruhr, dans les compagnies de navigation européennes, dans la plupart des sociétés industrielles. Ils possèdent des quartiers entiers à Londres, à Berlin, même à Paris et à Vienne. Protectionnistes cuirassés, exploitant le vaste champ de la République fédérale, ils s'imposent à l'Europe par leur masse, leurs méthodes et lui disputent la puissance. Sans doute, on peut prévoir, chez eux, des crises formidables, car ils ont trop sacrifié leur agriculture à leur industrie, car leur système de production à outrance nécessite des acheteurs de plus en plus nombreux et qui finiront par être saturés. En attendant, il convient de compter impérieusement avec eux.

L'impérialisme moscovite a déclaré une guerre à mort à toutes les nations. Il entend leur imposer l'idéal marxiste, l'esprit de la termitière. On le découvre dans la révolution hongroise, les guerres de Chine, les troubles de Java, l'insurrection du Chili, les émeutes du Portugal, les grèves noires anglaises, les barricades qui couvraient Berlin, les manifestations italiennes dont le fascisme fut la réaction, la rébellion d'Ad-el-Krim, les révoltes de l'Inde. Ses idées sont connues comme ses plans d'action. Il crée l'Eurasie. Par la Troisième Internationale, il s'efforce de s'emparer du pouvoir dans tous les Etats. Il a une formation militaire, des disciplines d'état-major, pour tous les partis affiliés. On sait qu'il procéderait, pour conquérir la domination, comme en Russie : prise des télégraphes, des téléphones, des journaux, des stations de T.S.F. afin que l'adversaire ne pût donner aucun ordre, mobilisation des éléments de combat qui occuperaient les positions stratégiques désignées à l'avance. Quand on penserait à résister contre cette sédition moderne il serait trop tard. Certes un grain de sable peut toujours entraver une action aussi considérable. Les plans les mieux étudiés doivent compter avec l'imprévu. Si résolus que soient les adeptes de Moscou, ils ont affaire à forte partie et des échecs l'ont démontré. Mais le siège est bien dressé et les théoriciens de Moscou améliorent chaque jour leur tactique.

Ces deux impérialismes sont aux prises avec l'Europe. Mais ici, également, le champ de bataille est sans frontière. Il est partout. Eux-mêmes ne sauraient délimiter l'Europe. Celle-ci est une expression géographique, une entité métaphysique. Elle n'a pas l'unité de l'Europe chrétienne, de l'Europe d'Henri IV, de celle que prophétisait Napoléon quand, à Sainte-Hélène, il affirmait « l'Europe sera républicaine ou cosaque ». Notre époque est compliquée. Le politique suffisait pour résoudre maints problèmes. Les légistes avaient beau jeu, et les diplomates. Le droit, les tribunaux spéciaux, les relations familiales étaient des armes sûres. Il faut admettre l'économie politique, la sociologie, le crédit, la psychologie des races et des foules, sans ignorer les forces qui les mettent en action. La solidarité des peuples vient encore troubler la question. Parce que la Louisiane est dévastée par les inondations du Mississipi, le coton renchérit. On dira que nous n'avons rien à dire parce que Sacco et Vanzetti ont été électrocutés, comptant comme négligeable que nous recevions des coups de revolver pour ce fait judiciaire. Qu'avions-nous à voir dans l'assassinat de l'archiduc François-Ferdinand ? Pourtant, il fut la cause des immenses charniers dont la terre se couvrit.

Constatons-le : si le problème de la construction de l'Europe fut relativement simple, il ne l'est plus.

———

QUELLES FORCES
BOUILLONNANTES !

LA guerre mondiale de 1914 a nationalisé les éléments géographiques et historiques de l'Europe. Le principe des nationalités comportera bien d'autres conséquences. Au XIXe siècle, pour résister à l'oppression et garder leur âme, l'Irlande, la Pologne, la Bohème, la Lithuanie, la Roumanie, la Grèce, la Serbie, la Bulgarie, l'Italie se sont particularisées, ont redonné de l'éclat à leur langue, se sont ressouvenues de leurs traditions magnifiques. L'art y a beaucoup gagné et notre commune richesse spirituelle. Les esprits ont plus d'importance que les hommes. Un grand écrivain comme Ladislas Reymont témoigne davantage pour la Pologne que dix recensements. Quand on songe que l'Irlande avait complètement oublié le parler des bardes et que ses intellectuels durent le reconstituer, lentement, on gémit après les méthodes despotiques qui ont appelé de telles revanches.

A la cour de Nicolas 1er lui seul parlait le russe, et n'était pas compris. A Berlin, au XVIIIe siècle, le français était la langue par excellence, comme à Vienne. Un de nos compatriotes s'y sentait aussi peu gêné que nous pouvons l'être à Bucarest actuellement. Le patriotisme a singularisé les peuples. Il demeure l'une des majestueuses grandeurs de l'Europe.

Il est heureux que nous soyons de notre cité, de notre province, de notre pays, mais nous devons regarder plus loin et nous souvenir que nous sommes, aussi, des citoyens du monde.

Il y a un nationalisme anglais, méprisant et fermé, qui toise les autres, considérant qu'il exerce un droit d'aînesse dans la famille humaine. Il y a un nationalisme français, bon enfant mais inquiet, donc influençable, qui a gardé le point d'honneur féodal et, par soif de liberté, redoute toute alliance, bien qu'il exécute ses engagements avec scrupule. Il y a un nationalisme allemand, insolent, agressif, péremptoire et qui a besoin de manifester. Il y a un nationalisme italien qui, penché sur l'histoire vertigineuse de Rome et de la République de Venise, est plein de souvenirs et d'espoirs. Il y a un nationalisme polonais qui a des raisons de n'être pas très rassuré sur le bon vouloir de ses voisins, qui est pétulant, batailleur et louche vers ses frontières du XIVe siècle. Il y en a infiniment d'autres, blessés ou comblés, et qui sèment l'Europe **de** poudrières.

Ces patriotismes ont des traditions et des clientèles. Ils sont influents et sincères. Leur mystique a fait ses preuves. Leurs concepts économiques sont logiques. Proudhon notait, dans sa *Philosophie de la Misère*, à laquelle Karl Marx répondit par sa *Misère de la Philosophie*, que même si les rails produits en Angleterre étaient vendus à meilleur compte que les rails produits en France, il convenait d'encourager la production nationale qui permettait à nos ouvriers de gagner leur vie. Cet argument est utilisé, vous n'en doutez pas, pour permettre à maints industriels de razzier le consommateur. On ne saurait, néanmoins, le négliger.

Les nationalismes aggravent les malentendus en déformant les faits et aussi, à leur insu, pour satisfaire des intérêts égoïstes qui ne sont pas toujours en harmonie avec l'intérêt général.

Les villes et les campagnes connaissent, depuis les temps les plus reculés, des soucis différents. La campagne veut vendre cher et acheter bon marché ; la réciproque est vraie. Elle réclame des protections. L'industrie également. Cette antithèse entre la cité et la culture a été notée par Marx. Elle se justifie.

Nous constatons, en France, que les journaux lus par les citadins protestent quand on autorise l'exportation des produits du sol, tandis que les journaux agricoles pleurent parce que la concurrence internationale ne joue pas assez en leur faveur. Les intérêts de ces deux groupements sont bien défendus, surtout dans les Etats où le suffrage universel est institué. On ne pourra ouvrir les frontières qu'avec leur assentiment, et cela ne saurait être obtenu sans palabres. Si les citadins sont divisés les agriculteurs feront bloc. Dès qu'on touche aux vins, les socialistes du Midi oublient qu'ils ont rompu des lances en faveur du libre-échange. Des remarques analogues pourraient être faites dans les diverses nations. Il faut donc compter avec un élément conservateur intraitable, et conservateur ne saurait signifier rétrograde dans ce cas.

L'Eglise qui s'était substituée à l'Etat romain, a dû abandonner, l'une après l'autre, ses prérogatives au profit des Nations. Le XIXᵉ siècle est plein de la lutte de la laïcité et de la puissance temporelle des chefs catholiques. Elle a reculé malgré des retours tortueux. Elle s'est nationalisée. Actuellement, sous l'influence active des Jésuites, elle reprend sa tradition internationale, rendant à César ce qui est à César pour mieux faire valoir son prestige. Il y a lutte visible entre le clergé fidèle aux vieilles doctrines politiques et les prêtres qui voudraient faire l'union entre les hommes de bonne volonté. Ceux qui ont été influencés par les idées du siècle sont riches de foi, d'ardeurs généreuses et bénéficient de puissants moyens. Mais ils sont étroitement surveillés par les tenants des anciennes idées. Cette observation est d'ordre général. Elle vaut pour les Etats protestants, à titre indicatif.

Mais partout se poursuit le duel entre le principe d'autorité et celui de liberté, la démocratie et le despotisme. Le césarisme, ayant triomphé en Russie et en Italie, s'est de nouveau imposé à l'attention.

La royauté, fleur suprême de la société patriarcale ou féodale, s'éteint ou se transforme. Vénérée en Angleterre, comme les perruques à marteau, les carrosses sculptés, les chasses au renard, elle joue un rôle plus honoraire qu'effectif. Le roi règne, mais ne gouverne pas. Ses pouvoirs ont été amoindris. La France aurait pu conserver un chef héréditaire, si Louis-Philippe avait admis le suffrage universel et était demeuré dans son rôle de conseiller décoratif, si, plus tard, le comte de Chambord avait accepté l'héritage de la Révolution. La forme royale est désormais révolue chez nous et les forces que ses théoriciens essaient de grouper n'ont qu'une valeur d'opposition. En Italie comme en Espagne, le Souverain a dû accepter une dictature, obligé de se soumettre ou de se démettre. Dans les Balkans et dans les Etats scandinaves, la monarchie ne demeurera qu'en restant populaire et en ne s'immisçant pas dans les luttes des partis. C'est seulement en Hongrie qu'un roi peut être appelé contre la dictature du Régent mais, au fur et à mesure que le nouveau régime place ses créatures aux points névralgiques, il s'assure des appuis. Le droit divin est mort et il ne saurait ressusciter puisque le patriarcat et la féodalité sont périmés. L'esprit nationaliste trouve plus de satisfactions dans la forme républicaine que dans la forme monarchique où les intrigues internationales peuvent se développer plus aisément.

Par contre le césarisme, épaulé par l'opinion publique, qui peut utiliser le suffrage universel et les formations modernes, a un avenir considérable. Qu'une crise survienne et chacun cherche le sauveur qui, par sa science, son autorité, son énergie, ramènera l'ordre. Qu'il organise ses partisans, qu'il s'appuie sur une armée ou sur une garde, et il confisque le pouvoir. Or les formations de combat communistes appellent la constitution de groupes rivaux et mettent par conséquent à la disposition d'une dictature éventuelle des milices bien ordonnées. Les gouvernements démocratiques vivent donc entre deux périls.

Le parlementarisme, issu du suffrage universel, a le rare mérite de permettre aux révolutions d'éclater en vase clos, de faciliter l'accès au pouvoir, de changer les ministères impopulaires ou qui ont cessé d'être admirés, sans coup férir. Il économise infiniment de sang et de richesses. Il a l'inconvénient de ne pas se renouveler suffisamment vite. Les chefs de partis ne comprennent pas assez qu'ils doivent appeler à eux les jeunes de valeur et les aider. Ils les poussent, en les négligeant, dans le parti des mécontents. Si Mussolini, force incontestable, avait fait partie du Parlement peut-être n'aurait-il pas édifié le Faisceau.

Partout où le suffrage universel s'est implanté il peut s'étendre ; il ne saurait être étriqué. Le positivisme a beau assurer que le choix des supérieurs par les inférieurs est contraire à la vérité, le suffrage universel ne peut être remplacé. Aucun système ne donne autant de garanties. On peut se plaindre de ses défauts, mais l'on constate que sa carence est plus préjudiciable encore. Il exige des partis organisés. Or comme c'est par la presse que s'expriment les opinions, les partis doivent posséder des moyens financiers pour leurs journaux. Les électeurs seraient sages en adhérant à un groupe politique et en lui payant une cotisation. Ils lui assureraient l'indépendance et le soustrairaient aux influences de l'argent. Cela paraît d'autant plus nécessaire que la satrapie, connaissant l'importance de la presse, s'efforce de s'en emparer. Hugo Stinnes possédait soixante journaux en Allemagne.

Les partis, également, pour éclairer leurs partisans et même leurs adversaires, devraient posséder des services d'information étendus, des dossiers, des bibliothèques, des correspondants nombreux et actifs. Si le parlementarisme veut se rendre plus indispensable, il doit s'outiller. Le règne de l'à-peu-près ne saurait être son fait. Une documentation sérieuse étaie les idées et interdit aux passions de tonitruer. Gouverner est sans doute un art, mais aussi une science. Or pas de science sans laboratoire.

Le parlementarisme, avec les partis organisés qui le complètent et l'appuient, a d'autant plus besoin de ces groupes d'études et de ces accumulations de faits qu'il joue un rôle international par ses liaisons avec les partis parents d'autres pays et les Parlements internationaux qui se développeront. Ces fréquentations habituent des hommes de formation différente à constater qu'ils pourraient faire œuvre commune. Elles créent un état d'esprit utile et qu'il est satisfaisant de favoriser. Elles familiarisent avec des problèmes essentiels que l'Europe doit résoudre. Elles complètent heureusement la Société des Nations.

Mais elles n'ont pas la portée des majestés internationales de ce temps qui sont la satrapie, le socialisme, le syndicalisme et la T.S.F.

Nous appelons satrapie ce que l'on nomme les magnats en Amérique et en Allemagne, la finance internationale en France. Il est visible que des spéculateurs audacieux ont la planète pour champ d'action. Ils font converger vers eux le maximum de richesses. Ils sont un Etat au-dessus des Etats et ceux-ci ne gardent une relative indépendance qu'en raison de leurs rivalités. Protectionnistes ici, libre-échangistes ailleurs, ils n'ont qu'un dieu : le profit. Ils sont capables de désintéressement, à l'occasion. Ils n'ont pas de patrie réelle. Leur puissance, la grandeur de leurs entreprises les font citoyens du monde. Cette satrapie a besoin de gouverner pour régner. Sans son influence, les Etats-Unis ne seraient-ils pas restés neutres? Sans les espérances qu'ils attisent la Russie rouge aurait-elle des ambassadeurs dans la plupart des capitales? Elle capte les moyens d'information. Elle se facilite des intelligences. Certains de ses éléments ont besoin d'une Europe où les frontières ne gênent pas leurs tractations, d'autres utilisent les divisions actuelles qui leur permettent de mieux intriguer. Etant au-dessus de la démocratie politique la satrapie serait bridée par la démocratie économique. Ses membres voient le coup à faire et ne calculent pas ses conséquences. Un industriel médite sur plusieurs années, un banquier qui songe à l'année suivante est une rareté. Les grands spéculateurs découvrent une opération et la réalisent, quitte à brûler la ville pour faire cuire l'œuf, à abattre l'arbre pour cueillir la fleur. La satrapie peut avoir des formes diverses. Elle est semblable à l'hydre de Lerne. Elle peut utiliser toutes les formes juridiques. Si la Révolution lui est utile elle la fomente et érige des mitrailleuses aux carrefours si ses intérêts sont menacés. C'est dans la satrapie que se trouvent les actuels et impérieux imperators.

Le socialisme, énorme puissance sentimentale, prêche la fraternité des peuples, aspire à la paix et croit qu'en administrant les richesses suivant ses doctrines, l'humanité connaîtrait le bonheur. Il a évolué sous le régime parlementaire, mais il ne saurait renoncer au dogme de la lutte des classes. Il attend que le pouvoir tombe entre ses mains ainsi qu'un fruit mûr et se prépare à sa mission. Comme l'Eglise, il a dû évoluer, suivant les peuples, selon une règle fameuse, formulée par Proud'hon : « Il est de loi, dans la nature et la société, que deux forces qui se combattent, s'altèrent réciproquement. » En principe, il vise à l'abolition des frontières, mais il est des accommodements avec les nécessités électorales. Ses organismes internationaux ont des liaisons constantes. Par la tribune, la presse, le livre, il assure et accroît son influence. L'internationalisme, père de la paix, est son principal argument et c'est pour lui qu'il conquiert les multitudes. Antidémocratique par ses origines, il est devenu démocrate, bien qu'il s'en défende et que ses principes, parfois, lui fassent oublier ses aspirations. Par le nombre et l'influence, il est l'un des éléments les plus vigoureux de notre temps.

Auprès de lui le syndicalisme se développe. Son esprit est différent, suivant les nations. Il fut, longtemps, uniquement réformiste en Grande-Bretagne. Il naquit révolutionnaire en France. En Allemagne, il acclamait le kaiser et les solides réalités. Il ne fut pas toujours démocrate, mais ses tendances sont démocratiques. Quand une masse lutte contre quelques-uns, quand elle en appelle à la solidarité ouvrière, quand elle admet les votes de la majorité, elle sacrifie à la démocratie, même en la niant. Dans sa lutte en faveur des salariés le syndicalisme rencontre la ploutocratie internationale. Il entend supprimer le salariat. Il en appelle à ses frères de misère d'ailleurs, de partout. Il joue dans l'organisation du travail un rôle proche de celui des socialistes dans la politique. Il a, avec le socialisme, de considérables éléments communs. Il regarde par-dessus les frontières. Il possède des organismes internationaux. Par la grève et des manifestations il lui est loisible de prouver sa puissance et d'imposer sa volonté. Il peut, s'il lui plaît, arrêter toute la mécanique sociale et jeter les cités dans le cauchemar et l'aventure. On l'a bien vu en Allemagne au lendemain de la guerre.

Enfin, plus que le cinéma, la T. S. F. est une grande force internationale. L'action du cinéma est hebdomadaire et s'adresse aux villes, laissant les campagnes en dehors de son influence. Le cinéma impose des idées par les images, des réflexions par des scènes vivantes. La T. S. F., au contraire, instantanément se répand à travers l'infini. Elle est quotidienne. Des millions d'hommes, de toute nationalité, peuvent entendre l'idée qu'exprime un des leurs, et qui risque de rencontrer le chemin de leur cœur. Savez-vous comment la grève britannique a été brisée ? Le Premier britannique, M. Stanley Baldwin, vint au micro et dit, simplement, que la vieille Angleterre pouvait mourir si le conflit s'étendait. Il fit appel aux hommes de bonne volonté. Il fut triste à souhait et convaincant. S'il avait fait d'identiques déclarations au Parlement les journaux auraient reproduit ses paroles en les commentant suivant leurs opinions respectives. Il put exprimer sa pensée, sans intermédiaire, et la Grande-Bretagne fut sauvée.

Si la radiophonie, avec ses dizaines de millions d'adeptes, avait existé en 1914, la guerre aurait-elle éclaté ? Nous ne le croyons pas. Si des paroles de paix avaient été prononcées par les personnalités qualifiées, le mensonge n'aurait pu étourdir et entraîner le peuple allemand, victime d'un empereur énervé et d'une oligarchie qui ne sut pas résister à la tentation.

La radiophonie c'est l'Europe. Dans le

moindre village, dans la plus modeste cabane, on peut entendre raisonner, chanter, Paris et Londres, Rome et Berlin, Vienne et Pragues, Madrid et Amsterdam, Oslo et Bruxelles, Moscou et Varsovie. Quel concert fantastique dans l'éther! Par un appareil très simple on se familiarise avec les œuvres, les idées, les hommes. Quel instrument de culture! Pour les innombrables sans-filistes, l'Angleterre, l'Allemagne, l'Italie, l'Espagne, ce sont des voix, ce sont des chants. Comment n'en sortirait-il pas une volonté d'unité? Déjà la T. S. F. exige une langue internationale. Elle hâte l'évolution. La Société des Nations devra s'en préoccuper et la réglementer intelligemment.

Celle-ci précipite, également, l'idée internationale. Sans doute ses bases ont besoin d'être remaniées. Elles sont l'œuvre d'un idéologue sympathique. Ses principes la vouent souvent à l'impuissance. Le fait qu'un seul de ses membres peut exercer son veto et lui interdire de prendre une résolution est un péril extrême. Mais elle a rendu des services et peut donc servir. Faudrait-il prévoir une Société des Nations européennes auprès de la Société Internationale des Nations? Certainement. Il est excellent qu'à Genève on puisse en appeler à la conscience universelle, prévoir et chercher la paix. Plus on a d'horizon et plus on comprend l'envers et l'endroit des choses, la vanité des querelles. Qui discerne le permanent plaide moins sérieusement pour le fugitif. Le pessimisme est une école de force, quand il n'ordonne pas le découragement, mais le pessimisme raisonné convainc que si l'on vit en société il ne faut pas demeurer solitaire. La Société des Nations n'est pas une panacée, c'est un remède. Et quel merveilleux lieu de rencontre !

Voici donc énumérées les forces internationales de l'Europe. Que peut-on en tirer ?

IDÉES ET THÉORIES

Avec raison, M. Jacques Bainville notait que les Français contemporains étaient autrement faciles à gouverner que ceux du XVIIᵉ siècle ou même du XVIIIᵉ. Alors le mythe de la Nation, comme celui de l'Etat, naissaient à peine et celui du droit divin était contre-balancé par l'énorme masse des privilèges, qui limitait l'autorité royale. Nos pères n'auraient pas admis les impôts écrasants dont nous sommes chargés, ni la taille, généralisée, que nous appelons impôt sur le revenu, ni les lois sur l'hygiène et l'instruction publique ou le service militaire obligatoire, comme la mobilisation générale. Par contre, ils sacrifiaient à d'autres mythes. Les idées bousculent les théories. Le jugement de Dieu, qui nous paraît une dérision, subsiste encore dans le duel. L'Eglise explique toujours les cataclysmes en assurant qu'ils sont des avertissements du Ciel. L'humanité sacrifie à des Molochs, avec une sombre ivresse. La vérité d'aujourd'hui sera l'erreur de demain. Cela devrait nous donner un peu de modestie.

Les idées vont moins vite que les faits.

C'est plus tard que nous comprenons l'importance des événements. C'est seulement au xxᵉ siècle qu'un historien a découvert que la suppression de l'esclavage est due à cette découverte d'un inconnu : en attelant le cheval sans l'étrangler on lui permettait de porter des charges quintuples. De sorte que la bête de somme remplaça l'animal humain, plus coûteux. Avant M. Lefebvre des Nouettes, on attribuait cette révolution, à tort, à l'influence de l'Eglise.

Karl Marx, qui étudia la concentration capitaliste, a dressé, dans le *Capital*, la théorie sociale de la machine à vapeur. Celle-ci, inventée deux siècles auparavant, transforma le xixᵉ siècle, attirant les multitudes autour des manufactures, fabriquant avec les artisans, des prolétaires. Or, quand il médita sur les phénomènes économiques de son époque, l'électricité industrielle avait été inventée. C'est seulement depuis peu qu'on s'est aperçu que si la vapeur rassemblait les travailleurs, l'électricité permettait de distribuer la production, de recréer l'atelier familial. La vapeur rassemble, l'électricité disperse. Une révolution allait éclore quand Taylor découvrit les principes de l'organisation du travail. Son système qui permet une production mécanique plus considérable renforça l'usine qui semblait condamnée. Les théoriciens ne s'en sont pas encore avisés. Les collectivistes qui ont lutté contre l'adoption de ce système allaient donc contre leurs buts sociaux et politiques. Le principe de la lutte des classes, en effet, doit préférer une société capitaliste vigoureuse et énergique, agressive même, afin que le prolétariat, poussé à la révolte, l'emporte d'assaut et s'empare des instruments de travail. Cela a été souvent établi.

Quand, dans ses *Réflexions sur la violence*, Georges Sorel, puissant esprit d'ailleurs, prétendait que la Révolution sociale n'aurait pas besoin du régime de la Terreur et qu'elle ne serait pas sanguinaire, on pouvait taxer d'utopie cet adversaire des utopistes. On ne peut arrêter l'esprit d'invention et l'inquiétude des âmes. Toute société doit se transformer, c'est-à-dire s'adapter pour vivre, et qui dit adaptation dit lutte. Or la bataille révèle les instincts féroces qui dorment en nous.

Le monde est transformé, actuellement, par le moteur à explosion, l'avion et l'électricité. Ils n'ont pu se développer que par la libre concurrence. L'Etat, qui est conservateur par essence, n'aurait pas permis à ces forces de s'épanouir. Ceux qui profitent des découvertes les redoutent. Qui organisa la campagne contre les chemins de fer ? Les métallurgistes et les propriétaires de mines, persuadés que la machine à feu allait les ruiner, alors qu'ils lui doivent une prospérité inouïe.

La synthèse du pétrole est-elle découverte? Oui, théoriquement. Pratiquement, elle jaillira des laboratoires. Des conséquences formidables sortiront de ces réussites. Le nombre des véhicules s'accroîtra, celui des usines également. L'Angleterre et les Etats-Unis verront s'évanouir un sujet de compétition. Chaque nation aura son indépendance assurée en combustibles. Les maîtres de la mer perdront une des puissances du blocus. Le prix des transports par chemin de fer et par bateaux diminuera. Mais comprendrons-nous, sans délai, la nécessité d'une politique des routes?

Ce qui faisait la richesse de la Grande-Bretagne, c'était son bloc de houille. Fournissant le monde en charbon, elle en rapportait des marchandises, fret de retour, et était devenue, de ce fait, un gigantesque entrepôt. Or on prévoit la transformation, sur place, de la houille, et par T.S.F. l'électricité sera envoyée à travers le monde. Ces ondes de forces seront dirigées vers des usines-relais qui les redistribueront aux consommateurs. Un fret précieux sera perdu par les transports, de ce fait. L'Egypte pourra transformer elle-même son coton, au lieu de l'envoyer à Bradford. La conséquence c'est que des pays industriels devront redevenir agricoles et que des régions agricoles s'adonneront à l'industrie intensive.

Nous sommes dans un cycle instable. Il faut admettre le relativisme dans toutes nos préoccupations. Le laborieux équilibre d'antan est constamment bouleversé et le sera plus encore. Les guerres brassent les hommes et les classes, mais les révolutions sont analogues aux tremblements de terre pour l'humanité. Les révolutions seront incessantes. Il peut en sortir de tous les laboratoires et ils sont nombreux.

Le relativisme est d'autant plus indispensable que la plupart des théoriciens ont été, à leur insu, les précurseurs de la vallée de Josaphat. On peut voir, dans les journaux, des photographies représentant des dames, voire des messieurs, avant et après l'utilisation d'un produit de beauté. Avant et après a beaucoup servi, dans le domaine de la sociologie. Avant c'est le malheur, les ténèbres, la dureté, la misère, l'esclavage. Après, le coup de tonnerre de la Révolution sociale éclate. Dieu, à moins que ce ne soit le Matérialisme historique, le Destin, le Fatum, l'Ordre Suprême, la Volonté Sublime place les méchants à sa gauche et les bons à sa droite. Ce ne sont que chants de harpes, délices, fleuves de lait, rivières de miel. Tout est candeur, innocence, poésie. Car les hommes ont fort bien imaginé l'enfer, mais n'ont jamais réussi le paradis. Celui de Dante est bêtifiant. Celui de César Franck est admirable par la tendresse spiritualisée, mais il ne saurait suffire : il est un peu court. On s'y dessécherait d'ennui.

Karl Marx a assimilé la Révolution sociale avec le Messie que le peuple d'Israël espère toujours. Cela fut-il conscient ? Pour lui l'An prochain la Révolution a remplacé l'An prochain à Jérusalem. Le Messie arrivant, tous les problèmes sont résolus. A quoi bon s'inquiéter, se tourmenter, chercher : il est là et tout le reste viendra par surcroît. Se préoccuper de demain ? A quoi bon ? Se demander si le vieux mot de Catherine de Médicis : « Bien taillé, mon fils, il faut recoudre », ne vaudra pas aussi, pour la Révolution sociale, ne serait-il pas sacrilège ? Quel manque de confiance témoignerait cette question ? La Révolution sociale ne porte-t-elle pas toutes les vertus en elle-même? Ce n'était peut-être pas la peine de se moquer des anges et de toutes les théologies du passé pour en arriver au même point.

Vous souvient-il de l'abbé Maury, l'un des rares orateurs de la Constituante? Des émeutiers lui mirent la main au petit collet, un jour, en criant : « A la lanterne! » Ils se préparaient à le pendre quand l'abbé, fort spirituel, les interrogea : « Quand vous m'aurez pendu à la lanterne, y verrez-vous plus clair ? » Cette observation chut dans les consciences comme un caillou au fond d'un puits. L'abbé Maury put reprendre sa promenade et devenir cardinal.

« Et quand vous m'aurez pendu à la lanterne, y verrez-vous plus clair ? » La Révolution sociale éclate et c'est le commencement des difficultés. Comment harmoniser les instincts, les désirs, les besoins, les possibilités, les moyens et les buts, les croyances et les rêveries, tout le grouillement de la société d'hier aux prises avec les larves de la cité qui n'est plus future mais prochaine ? On ne vit pas dans l'Absolu désiré, mais dans le Relatif. Il n'est pas venu, le Messie, du moins, s'il est là, il n'a pas encore énoncé ses titres et qualités. Les trompettes sacrées de la vallée de Josaphat, qui doivent faire voler les surdités en éclats et convoquer les générations, sont demeurées obstinément bouchées. La vie continue.

La vie continuera.

Les théories doivent en tenir compte. Elles ne sauraient négliger que les sociétés organisées qui ont eu quelque durée se sont mises à l'écart de la vie. Le régime des castes a pu subsister, pour cette raison, comme le monastère. Supposez un couvent sans l'isolement, l'autorité du chef, les exercices religieux qui brisent la volonté et avec, en plus, quelques femmes, tout est ruines. Avec la vie la tentation est partout et le renouvellement. Les cellules sont mouvantes et vont du simple au composé, perpétuellement. Conduire la société est autrement ardu que la diriger politiquement ou commander l'armée, besognes qui ne sont pas toujours commodes. Lenine a dû admettre la Nouvelle Politique Economique, renonçant momentanément au marxisme. Le bolchevisme connaîtra bien d'autres renoncements. La vie est la plus forte.

Le relativisme est la seule conception un peu humaine. Il ne borne pas le génie, ni les richesses de l'infini. Qui peut être assuré que les formes capitalistes et sociales sont cristallisées, qu'on n'en saurait découvrir d'autres, que les prestiges du crédit ont dit leur dernier mot ? Si cette formule : suppression du salariat, paraît trop limitative, on peut concevoir que cet ordre ne subsisterait qu'à titre exceptionnel. Mais croit-on que le mutuellisme a dit son dernier mot ? Les facilités que donne la Société Anonyme ont-elles été utilisées ? Les banques règnent, sans doute, mais doivent encore se développer. Le syndicalisme éclôt à peine et cherche ses lois. Au pays de l'instable, voilà ce qu'on devrait inscrire sur les monuments publics. Nous commençons à concevoir les possibilités de l'assurance qui, appliquée à tout, a des retentissements bien lointains. Ainsi, supposons que la législation détruise l'héritage, considère que les biens possédés sont viagers : on s'assurera sur la vie au bénéfice de ses enfants, puisqu'il est impossible d'arracher l'amour du cœur des mères.

Nous sommes en pleine évolution, en incessante transformation. Quelle théorie pourrait embrasser tous les faits en mettant chacun à sa place ? Mieux vaut canaliser la liberté que détruire un avenir magnifique. Soyons modestes : combien de richesses avons-nous jetées, durant des siècles ? Est-ce que, parmi les choses que nous dédaignons, il n'y en a pas qui apparaîtront, à nos fils, aussi précieuses que le radium ?

Il est sage, également, de croire aux mérites de l'administration ; mais elle ne saurait être la panacée universelle. Les erreurs capitales de l'administration ecclésiastique, la mieux recrutée, préparée, spécialisée, devraient nous engager à nous défier, par comparaison.

Les idées et les théories sont les conséquences de situations que nous comprenons, fréquemment, quand elles sont résolues. Elles sont influencées par des mythes, suivant le mot de Sorel, des grues métaphysiques, suivant Karl Marx. Chaque époque a la sienne. On a cru en la Sainte-Alliance comme nous espérons en la Société des Nations. Le mythe patriotique, dont l'utilité récente n'est pas contestée, est très jeune, il n'a pas deux cents ans. Même dans les périodes les plus individualistes, des biens collectifs ont subsisté. Certes, il est souhaitable que la société soit bâtie avec goût, et agréable, mais combien ont à leur disposition, aujourd'hui, des agréments que les riches d'hier ne pouvaient même pas rêver, avec l'électricité, le journal, la T.S.F., l'auto, les repas où ont collaboré les deux mondes, sans que nous en soyons surpris ? Les pauvres mêmes de notre temps pourraient faire envie aux riches d'antan, par quelque acquisition due, justement, aux révolutions industrielles.

Or celles-ci sont en perpétuel devenir. Comme la notion de l'Europe, tout est sans limites. Aussi la cristallisation est-elle impossible. Elle rompt l'équilibre. Elle exige des revanches. Elle laisse se former des avalanches et des torrents dévastateurs. Les idées et les théories sont comme des bateaux qu'il ne faut mettre à l'ancre qu'au moment des tempêtes, qui doivent profiter des temps favorables pour des promenades.

N'oublions pas aussi que nos gestes ont des répercussions inattendues. Les enfants de nos pensées sont comme les fils de notre chair. Les plus sages sont les fous, chantent les joyeux buveurs. Cela est vrai, fréquemment. Francis Delaisi remarquait que le ministre Paulet, sous Henri IV, en faisant payer leur charge aux magistrats, permit à un foyer d'opposition de mettre en mauvaise situation le pouvoir absolu. Les Parlements de l'Ancien Régime ont toujours été une citadelle de l'esprit réactionnaire et se sont mis en travers de toutes les réformes, systématiquements. En se dressant contre les mesures des esprits réformateurs tels que Turgot et Calonne, ils ont appelé la Révolution. Or Paulet, père de cette charmante Précieuse de l'Hôtel de Rambouillet, n'avait vu, dans cette taxe, qu'un moyen de se procurer de l'argent et ne se doutait pas qu'elle creusait le tombeau de la Monarchie. De même en imposant le régime sec dans tous les Etats-Unis, les buveurs d'eau n'ont pas prévu que cette loi allait pourrir l'administration et développer à un point incroyable l'ivrognerie clandestine, au point que la liberté causait moins de ravages et était, surtout, moins périlleuse pour l'Etat. La taxe sur le chiffre d'affaires, votée en France, est un péril pour la petite industrie et le commerce modeste : elle pousse à la concentration des capitaux et aux cartels. Elle a été votée par une Assemblée ennemie des socialistes et du socialisme, même le plus rose.

Défions-nous des systèmes. Le bien et le mal sont l'envers et l'endroit de la vie. Nous ne sommes ni assez subtils, ni assez raisonnables pour prévoir la répercussion de nos actes.

L'homme est multiple. Aussi, tous les architectes de sociétés commettent-ils des erreurs en l'utilisant comme un matériau sans réflexes.

Ce sont là des vérités premières qu'il est bon de ne pas perdre de vue.

L'ENCHEVÊTREMENT
DES FORCES ÉCONOMIQUES

APRÈS la guerre, nous avons vu s'américaniser la plupart des usines européennes. Elles ont grossi leur capital, pour s'amplifier et se protéger contre la dévalorisation des monnaies. Or leur puissance les gêne. Elle les surcharge de frais généraux. Le Creusot possédait, en 1922, plus de cent cinquante filiales qu'il était impossible à ses administrateurs, si éminents fussent-ils, de diriger de manière impeccable, de protéger contre le coulage, de rendre prospères en profitant de l'occasion, qui n'a qu'un cheveu. De sorte qu'auprès de ces mastodontes qui semblaient être capables de tout dévorer, ont pu se créer des entreprises à capital modéré qui ont pu se tirer largement d'affaire, en dépit des chasses gardées de leurs concurrents. Il y a toujours des hiatus, dans l'organisation la plus serrée. Le trust de l'acier, aux Etats-Unis, n'a pu s'imposer complètement, en dépit de ses milliards.

C'est que les forces économiques sont enchevêtrées. Examinons la France. Dans l'agriculture, sur un fonds de propriété individuelle, les coopératives se sont édifiées, les syndicats facilitent les achats en commun, les groupements agricoles prennent des parts bénéficiaires dans les potasses d'Alsace en attendant d'avoir des intérêts directs dans les phosphates. Les sociétés laitières, comme quelques autres trusts, imposent leurs prix à l'achat comme à la vente, mais nul doute qu'une énorme société anonyme, dont le capital sera fait par les producteurs, ne viendra rétablir la concurrence et disputer les profits aux bénéficiaires actuels.

Dans l'industrie, les besoins d'art, puis l'aide de l'électricité restituent l'artisanat. Les usines, pour assurer leur main-d'œuvre et éviter des conflits préjudiciables ont créé des œuvres sociales : bibliothèques, sociétés sportives, crèches, cinémas, patronages religieux ou sociétés d'anciens élèves. Le devoir patriotique et la nécessité de raciner les travailleurs, en les avantageant, leur ont fait adopter le sursalaire familial. En certaines régions des autobus vont chercher les ouvriers et ouvrières à domicile et les y ramènent. Des maisons gaies leur sont offertes en location. On leur facilite les moyens d'acquérir un mobilier. Les services alimentaires sont à bon compte. Cela n'est pas général, mais se généralisera. On a compris que la charité devait être remplacée par l'intérêt bien entendu. Aux enfants-prodiges de leurs collaborateurs, les patrons modernes octroient des bourses, pour qu'ils puissent continuer leurs études. Auprès des Conseils d'administration, on se demande s'il n'y aurait pas lieu d'instituer des Conseils de direction où seraient appelés les délégués du personnel. Le syndicalisme négocie avec le patronat, recourt fréquemment à l'arbitrage. Les syndicats puissants n'admettent la grève que comme un moyen extrême, tandis qu'elle apparut, longtemps, comme une tactique révolutionnaire. Petites maisons, moyennes, grandes affaires, usines démesurées vivent les unes auprès des autres, sous la forme individuelle, le tâcheronnat ou l'entreprise, la coopérative, l'association, la société en nom collectif ou la société anonyme. Pour tous le problème du crédit se pose avec angoisse. Les banques populaires, les banques d'émission, les banques d'escompte y pourvoient en partie.

Chaque industrie a ses tentatives de cartels. Les lois syndicales ont ressuscité les jurandes, en même temps que les maîtrises. Les chambres patronales fixent les salaires et s'efforcent d'obtenir des prix minima pour leurs travaux et les achats des matières qui les intéressent. Certaines ont un établissement central qui traite en gros et répartit suivant les demandes de ses membres. Elles utilisent leur caisse commune en réassurances. Elles fondent même des institutions de crédit ou payent, à frais communs, des laboratoires, comme certaines campagnes pour mieux asseoir leurs intérêts.

Les syndicats ouvriers suivront, fatalement, les mêmes chemins. Ils achèteront des actions pour suivre les assemblées générales, au nom de leurs associés travailleurs, discuteront les bilans, affirmeront leurs droits, démontreront leur capacité de gestion. Ils opposeront leur organisation à celle des chefs d'entreprises. Leurs organismes d'information rivaliseront avec ceux de leurs rivaux et, déjà, un gros effort a été fait dans ce sens. On verra des organismes de travailleurs contrôler des entreprises industrielles et commerciales prospères, matériellement et financièrement.

Le commerce également est complexe. La boutique individuelle subsiste, malgré la coopérative. Les puissants centres à succursales multiples n'ont pu anéantir les unes et les autres. Le négoce de détail s'est groupé et crée des entrepôts communs, des magasins collectifs d'approvisionnement. Les villes instituent des magasins-témoins, afin de ramener les prix à une moyenne équitable. C'est au nom de la vieille doctrine de salut public qu'elles agissent ainsi. Des trusts, ici également, s'efforcent de dominer le marché, de s'emparer du blé, du vin, du lait, de la viande, du poisson, des pommes de terre, mais ne le peuvent complètement qu'autour des ventres fantastiques que les grandes cités représentent, avec des risques pour l'avenir.

Ainsi toutes les formes d'activité coexistent simultanément et sont enchevêtrées. Tel tâcheron se pourvoit à la coopérative, tel organisme collectif en appelle à l'industrie familiale, des sociétés préfèrent, aux usines, le travail à domicile et installent des machines chez des ouvriers en qui ils ont confiance. Si l'on gagna sur les stocks, éperdument, durant le conflit mondial, la moindre crise économique sème des ruines autour d'elle. La faim de crédit est universelle et il est peu d'entreprises qui peuvent considérer le futur avec sérénité. Une invention bouscule la précédente et la ruine. Parce qu'un rêveur a trouvé le moyen d'arrêter au passage les ondes électriques une industrie formidable naît, exploitée par une armée de pionniers dont combien resteront sur le carreau !

Et l'interdépendance économique est un

fait inouï. Qu'une épidémie dévaste les troupeaux de moutons en Australie et en Argentine, les usines du Nord se taisent, Mazamet est dans le marasme. Le jute récolté aux Indes fait vivre des milliers d'ouvriers en France. Sans le charbon de la Westphalie, l'Allemagne n'aurait pas pu soutenir la guerre contre l'usine cyclopéenne des Alliés. Francis Delaisi a excellemment mis ces faits en valeur dans ses attrayantes *Contradictions du monde moderne*. Il n'est pas un pays qui se suffise à lui-même parce que tous se sont créé des besoins compliqués. Il n'est **guère** de repas où nous ne consommions des produits de plusieurs nations. Il y a seulement trente ans, dans les régions montagneuses du centre de la France, on tissait les draps et les étoffes dans les familles, on vivait complètement sur le sol. A peine achetait-on les faux et les socs des charrues. Encore la plupart de celles-ci étaient en bois pris dans la forêt proche. Il n'en est plus de même aujourd'hui, chez nous. Les villages de la Transylvanie et des pays danubiens, qui vivaient de manière analogue, se laissent entraîner par la commodité, le besoin d'être à la mode. L'Europe elle-même ne peut plus compter, pour se nourrir, sur son territoire. Un immense effort d'adaptation, qui n'est pas à souhaiter, lui permettrait seul de satisfaire à ce désir, qui serait baroque. Encore y perdrait-elle, car son existence en deviendrait étriquée.

Cette interdépendance fait que nous ne pouvons nous réjouir qu'en apparence d'un événement douloureux qui atteint l'une des parties de la terre car, tôt ou tard, nous en souffrirons. Pas plus qu'il n'existe une Europe définie, d'autre part, il n'y a des classes strictement délimitées. Les catégories sociales se pénètrent. Les opinions et les croyances interviennent aussi pour situer les hommes. Ceux-ci ne sont pas que des producteurs. Etres sociaux, ils sont influencés diversement. Ils le sont d'autant plus que nul ne trie l'humanité, dans sa prime jeunesse, suivant les vocations, et que celles-ci sont abandonnées au petit malheur. Les matérialistes assurent en vain que son premier besoin est de vivre alors qu'elle désire, d'abord, croire, puisque la vie est un don naturel qu'elle possède sans effort. Les idées et les mythes ayant des répercussions sur les faits économiques on ne saurait les oublier. Or leur portée dépasse singulièrement toutes les prévisions. N'a-t-on pas vu, aux Indes, des dizaines de millions de sujets du roi d'Angleterre, leur empereur, refuser de consommer des marchandises britanniques et laisser pourrir des stocks gigantesques, offerts à vil prix sur les quais de Bombay, Madras, Calcutta ? Ne croyons pas qu'un tel événement n'est possible qu'en Asie. L'Irlande nous a prouvé le contraire. L'exécution de Sacco et de Vanzetti aurait pu avoir pour conséquence le boycottage des produits américains. Cela témoigne que l'interdépendance économique des nations leur impose une interdépendance politique et spirituelle.

Les hommes sont non seulement multiples mais soumis à la multiplicité des effets et des causes.

L'ORGANISATION ÉCONOMIQUE INTERNATIONALE

DANS sa thèse sur *l'Unité du Monde*, Guglielmo Ferrero, puissant et clair esprit, ne croit guère à l'influence de la ploutocratie internationale. Pourtant, elle existe. Disparate, changeante, elle transforme ses visées. Sur notre planète, où les vieilles formules et les nouvelles se mêlent, s'enlacent, comment n'y aurait-il pas des aventuriers, comment l'esprit des corsaires n'aurait-il pas été ranimé, comment les individualités énergiques et conquérantes, qui ont la terre pour champ d'exploitation, qui sont des meneurs et des chefs, qui savent utiliser les armes les plus perfectionnées ne se sentiraient-ils pas au-dessus des Etats ? Comment ne contracteraient-ils pas des alliances avec leurs semblables ? Comment ne mépriseraient-ils pas la poussière d'êtres qu'ils s'efforcent de gruger. Sans doute il y a une morale des affaires, qui est fort belle. On l'apprécie en lisant, par exemple, les écrits d'Herbert N. Casson qui continue, noblement, les

Saint-Simoniens dont les théories n'ont pas encore donné tout leur suc vivifiant. Mais pour beaucoup d'industriels, de banquiers, de négociants, le profit est la Loi et les Prophètes, le plus fort n'a cure du plus faible, le succès justifie tout. Que les hommes de devoir n'aiment pas les rapaces est une autre affaire. Pour ceux-ci, le monde est une immense chasse où la proie abonde. Nier la satrapie internationale serait méconnaître l'interdépendance économique.

Mais à côté de ces Frères de la Côte, qui courent leur chance, des organisations internationales de bon aloi s'établissent. Des Congrès Internationaux du Bâtiment, des Banquiers, des Industries de la Laine et de la Soie, du Papier, des Auteurs et Ecrivains, de la Presse, de la Radiophonie, de l'Acier, se développent, constituent des ententes, font pactiser, sur un terrain commun, des intérêts adverses, les obligent à résoudre les problèmes en dehors des Etats et des Chancelleries et, parfois, de les y contraindre. Le cartel de l'acier qui s'est constitué, en 1926, entre l'Allemagne, la France, la Belgique et le Luxembourg aurait-il pu naître par le truchement des ministères du Commerce et des Affaires étrangères de ces trois nations ? Certainement non. De même le cartel de la potasse, entre l'Allemagne et la France, dont le principal artisan est M. Arnold Rechberg. C'est un organisme privé, l'Union Internationale de Radiophonie, qui règle les questions concernant la téléphonie sans fil ; c'est lui qui distribue aux postes, même officiels, les longueurs d'ondes d'émission. Qu'il soit établi sur des bases peu rationnelles, qu'il ait besoin d'être amélioré est une autre question. Il est évident que tous ces organismes n'ont pas leur forme définitive. L'Institut International d'Agriculture de Rome se transformera comme le Petroleum Institute de New-York, mais le fait capital est qu'ils existent et lancent des passerelles vers des horizons intéressants. Les nations ne sont plus fermées. Elles n'échangent pas seulement des produits et de la culture intellectuelle. Elles se rapprochent sur tous les plans économiques et les industries-types admettent leur solidarité mondiale.

C'est qu'elles y sont intéressées : si l'Allemagne, dans les industries de l'acier, n'adopte pas la journée de huit heures, les usines d'Angleterre, de France. de Belgique, où elle est intronisée, souffrent d'un handicap. Mais, à leur tour, elles peuvent créer une agitation économique et sociale qui pourrait bouleverser la prospérité des usiniers germaniques, gêner même leurs exportations en faisant appel à la solidarité ouvrière universelle. Nous pourrions bien voir d'énormes représailles pour des faits analogues. Est-ce que presque tous les industriels et les financiers du monde ne se sont pas dressés contre la France, au moment de l'opération de la Ruhr? Il faut compter avec ces possibilités.

Aussi la nécessité de deux grandioses organismes, la Chambre de Commerce Internationale et le Bureau International du Travail, n'est pas contestée.

Quelques hommes d'affaires d'Amérique ont eu l'idée de la Chambre de Commerce Internationale, où leur influence est considérable. Elle naquit à Atlantic City, à la fin de 1919, et comprend des groupements d'industriels, de commerçants et de banquiers complétés par des membres individuels qui n'ont que voix délibérative. Elle désirerait consulter, par référendum, sur les problèmes de son ressort, les groupes nationaux pour dégager une politique commune. Elle y viendra. Elle a établi une Cour d'arbitrage très appréciée. Elle a conçu le plan Dawes. Elle est pour la stabilisation des monnaies, car le change est la joie des joueurs et la terreur de la production. Tel qui en profite actuellement sera décontenancé demain par un choc en retour imprévu. Les pirates de l'Internationale profitent de ces variations. Les hommes d'affaires qui ont la responsabilité d'entreprises sont obsédés par ces irrégularités, qui leur interdisent les plans à longue portée, les travaux échelonnés.

Le Bureau International du Travail a été créé par le Traité de Paix, à la demande des grands industriels. Son œuvre est déjà considérable. Il est composé d'un délégué ouvrier et d'un délégué patronal de chaque Etat complété par deux délégués de chacun des gouvernements, qui représentent, en principe, les contribuables et doivent s'efforcer de calculer les répercussions des projets mis en discussion. Ces délégués sont nommés par les Etats, d'accord avec les organisations professionnelles, c'est-à-dire, pour la France, la Confédération générale du Travail et sa parèdre, la Confédération générale de la Production. Tandis que la Chambre Internationale du Commerce élimine les difficultés qui gênent la circulation des marchandises et le crédit, le Bureau International du Travail vote des projets de convention ou des recommandations qui, adoptés à la majorité des deux tiers, doivent être présentés par les gouvernements aux Chambres, même s'ils les ont combattus. Il peut s'assurer, par des enquêtes, que les règlements votés sont appliqués. S'il constate des violations, l'un de ses membres peut citer l'Etat incorrect devant la Cour de Justice Internationale, siégeant à La Haye, qui arbitre. C'est la création originale du Traité de Versailles. Elle doit parvenir à mettre les industries concurrentes, dans les diverses nations, sur le pied d'égalité. Elle vise à assurer à tous les travailleurs les bienfaits matériels et sociaux que possèdent certains de leurs camarades. Elle intègre, dans l'Ordre Européen, des groupements qui en étaient fort éloignés. Elle assure l'unification des besoins et des mœurs. Elle place sur le plan mondial les revendications des métiers. Cet organisme tutélaire commettra des erreurs, certainement, car seul celui qui ne fait rien ne se trompe pas, mais son prestige grandira.

Il est légitime que la Chambre de Commerce Internationale soit profondément remaniée. Elle est née du souci qu'avaient les capitaines d'affaires des Etats-Unis de nouer des relations étroites avec l'Europe. Elle a pu, à ce titre, arbitrer intelligemment le problème des Réparations. Son influence peut aussi s'exercer pour celui des monnaies. Mais si la collaboration de l'Amérique lui est utile, il ne sied pas d'oublier que le protectionnisme excessif voulu par les industriels des Etats-Unis embarrasse l'Europe qui doit avoir sa politique personnelle et qui pourrait mieux s'ouvrir le marché américain qu'elle serait unie. Aussi verrions-nous volontiers, se superposant, une Chambre de Commerce des Intérêts Européens et une Chambre de Commerce Internationale.

La première mettrait d'abord à l'ordre du jour la création d'une devise internationale et les organismes bancaires que cette réforme prévoit. Chaque pays d'Europe aurait donc deux monnaies : une nationale, l'autre internationale, spécialement gagée et dont le cours serait presque invariable. Elle préparerait l'abolition des douanes intérieures, avec les tempéraments qu'un tel plan comporte. Elle aurait un Conservatoire international des brevets qui se modèlerait sur le Patent-amt allemand et devrait posséder son autorité. Elle arbitrerait les conflits soumis à son tribunal. Elle aurait sa flotte marchande et sa flotte aérienne; elle administrerait les ports francs. Elle préparerait l'Ordre Européen, car elle jouerait, dans notre vieux monde, le rôle de la Hanse au Moyen Age.

Enfin elle aurait l'avantage de réduire le péril de la flibusterie internationale, à qui elle ferait la chasse, comme les nations chrétiennes ont détruit les pirates barbaresques et les aventuriers de l'Atlantique.

Il est bien entendu que l'Europe est illimitée, mais nous devons nous efforcer de lui trouver des frontières ; sinon, comment se réalisera-t-elle ? La Chambre de Commerce Européenne aurait les relations les plus étroites, évidemment, avec la Chambre de Commerce Internationale, mais ne se confondrait pas avec elle.

Est-il besoin de remarquer que cet organisme exigerait la refonte des Chambres de Commerce françaises qui datent, d'ailleurs, singulièrement.

LE SYNDICALISME ORGANISATEUR

AH ! le Premier Mai, les terreurs familiales, les conserves entassées dans les placards, le pain rôti garé dans des boîtes de fer blanc, les soupirs derrière les contrevents, tandis qu'une population affolée guettait le coup de feu qui annoncerait le jour du Grand Soir ! Les avons-nous vus les agents qui frétillaient entre les bras des terrassiers ? En lisant Proudhon nous méditions sur les anathèmes lancés par les blanquistes contre les inventeurs du pavé de bois, hostile aux barricades. Les tripotées que se flanquaient les syndicalistes révolutionnaires et les royalistes nous laissaient rêveur. Nous rêvions mieux, pour le syndicalisme, prodigieuse puissance organisatrice.

Toute souveraineté réside dans le peuple. Le droit patriarcal et féodal créa le droit divin. Si l'on renonce à celui-ci — et comment y sacrifier ? — il faut bien admettre la notion de salut public qui s'exerce au nom de la majorité. Si la souveraineté politique appartient donc au syndicalisme, il en possède une autre, à son insu, la souveraineté de la richesse. C'est elle qui le libérera, c'est par elle qu'il dressera la démocratie économique, sans qui la démocratie politique n'est qu'un pis-aller. Donner l'assaut aux Bastilles, aux Congrégations économiques, oui, sans doute, mais il est plusieurs moyens d'emporter les citadelles. Il y a le blocus, dont la grève est un dérivé, il y a l'attaque à main armée. Il y a, également, l'utilisation des armes de ses rivaux, la soumission des vaincus parce que la force est passée dans le camp des plus nombreux, quand ils sont, aussi, les plus actifs.

Jaurès l'avait prédit quand il facilita la Verrerie ouvrière d'Albi. Cette expérience le passionnait. Elle échoua en partie. Aussi les chefs révolutionnaires se gardaient-ils de la renouveler. La guerre sociale était devenue leur but. Un énorme gâchis de richesses en est résulté. Des fortunes ont été dilapidées, en secours de grèves, qui auraient pu jouer un rôle autrement actif. Puisque le but des chevau-légers de la révolte ouvrière était la substitution de l'ordre syndical à l'ordre capitaliste, ils devaient se préparer à utiliser les moyens de production, rassembler les cadres, remplacer le patronat défaillant. Jouer les apprentis sorciers, noyés par la conquête qu'ils viennent de s'assurer est ridicule. La Révolution n'a pour excuse, et pour raison, que de faire progresser l'humanité, de se révéler meilleure administratrice que ses prédécesseurs.

Le syndicalisme devait donc adopter les instruments qui ont assuré la grandeur de ses adversaires.

Il s'y résoud péniblement parce que, faute de préparation intellectuelle, trop de ses chefs sont à la recherche de doctrines organisatrices.

Ses destins sont pourtant clairs.

Il est le nombre, il est la force, il est la richesse. Les salaires constituent la principale dépense de toutes les entreprises. Ce ne sont pas les riches qui assurent les recettes du Trésor public, mais les travailleurs qui sont les plus nombreux. C'est par de modestes contributions que le denier de saint Pierre draine des millions, non par les dons des catholiques fortunés. La trésorerie du Touring-Club de France est à l'aise parce qu'il compte plus de deux cent mille cotisants. Il suffirait d'un siècle, au plus, pour que les ouvriers possèdent, par le seul jeu de la thésaurisation, toute la richesse du monde. En utilisant le crédit ils pourraient s'emparer des usines, des entreprises de tous ordres, avec une stupéfiante rapidité. Leur union, voilà la force par excellence, celle contre laquelle on ne pourrait rien, qui ferait tache d'huile et irait de conquête en conquête. La société moderne leur permet toutes les revanches en utilisant les moyens offerts à tous.

La Cité est basée, aujourd'hui, sur le Crédit. Sans lui, elle vacillerait sur ses fondations. Or le crédit s'exerce par les banques. Proudhon, qui était individualiste, avait bien vu l'importance de la Banque du Peuple, qui a pris un essor considérable, en quelques années, sous le nom de Banque Populaire. Or, par les banques, on contrôle les entreprises, on a des vues sur leur comptabilité, on peut avoir des exigences, on possède des renseignements sur les usines rivales. Même au temps, si proche, où les syndicats ne pouvaient légalement posséder, ils auraient pu constituer des banques ouvrières, faire appel à des techniciens, attirer les fonds des déposants, escompter les effets, se créer une clientèle, imposer de légitimes conditions de salaire pour leurs membres. En moins de soixante ans, l'esprit de solidarité des Barcelonnettes, arrivés en espadrilles au Mexique, leur a permis de posséder la plupart des richesses de la Nouvelle Espagne.

L'*Humanité* n'a-t-elle pas créé une Banque ouvrière et paysanne solide, au capital de huit millions? Le million de syndiqués pourrait en édifier une de cent millions de francs, s'emparer des Assurances, s'imposer dans les Travaux publics, racheter les usines défaillantes, prouver, par des manufactures - témoins, que les ouvriers peuvent être mieux payés, et par là imposer des salaires raisonnables, se familiariser avec les mystères de la production et des échanges, faire des citoyens politiques, en un mot, des citoyens économiques, rivaliser avec l'Etat comme avec l'industrie privée, garder un esprit idéaliste en s'incorporant le réalisme industriel et commercial, comprendre le rôle du chef et aider à sa formation. Aussi bien tout cela commence-t-il à être admis et nous allons assister, avec une rapidité stupéfiante, à la formation d'un nouveau groupe disposant de capitaux puissants. La Banque Populaire suisse n'est-elle pas la plus riche banque de la Confédération helvétique ? Le développement des banques populaires d'Alsace et de Lorraine est bien connu. Le curieux, c'est qu'on ait tardé à reconnaître ces principes. Il est vrai que les syndicats avaient comme premier devoir de s'organiser. Si Fernand Pelloutier avait donné un autre but aux travailleurs férus d'anarchie verbale il ne les aurait certainement pas groupés. Jamais ceux-ci n'auraient accepté de se transformer en garçons de recettes. Ils **haïssaient** l'argent d'une haine d'ascètes. Qu'avaient-ils de commun avec les concupiscents de l'assiette au beurre? C'était leur noblesse.

Aussi n'est-il plus besoin de montrer l'intérêt de ces vues prestigieuses. Il est inutile d'expliquer que les syndicats ne s'embourgeoiseront pas en adoptant cette tactique. Les défendre contre l'accusation de simonie serait n'être pas à la page. Marx et Engels ont d'ailleurs prévu cette évolution. N'assurent-ils pas, dans leur *Manifeste communiste*, que le prolétariat utilisera, pour abattre la féodalité économique, toutes ses armes. Cela **ne** peut signifier qu'il aura des canons, des mitrailleuses et des régiments marchant au pas cadencé. Les armes envisagées, c'est le crédit, l'association, la banque. Ne pas les utiliser, c'est se battre avec des bâtons contre des gaz asphyxiants, ou se figurer qu'une prière suffit pour empêcher une dépression, où s'engrouffreront les nuages, de se creuser au large des cieux de l'Irlande.

Les syndicats vont donc se mettre à l'école de la vie. Ils confronteront leurs rêves **avec** les prix de revient. Cela ne peut être **mauvais**. Ils se tromperont, parfois, et profiteront de leurs fautes. Ils admettront l'importance du fait et de la nécessaire hiérarchie.

La discipline, d'ailleurs, fit toujours leur force.

Il n'est pas mauvais de remarquer que la conquête des municipalités par les socialistes et les communistes ouvre, à ces nouveaux venus, des possibilités considérables.

Comme les syndicats se préoccupent, depuis longtemps, de questions internationales, comme l'argent est, autant que le travail, une force mondiale, leurs établissements de crédit noueront des liens étroits avec leurs émules d'autres pays. Nous les verrons acquérir, à leur tour, certaines matières premières indispensables à l'industrie, et les répartir entre les nations.

Mais le syndicalisme a d'autres idées à mettre en valeur, pour s'organiser.

Les Compagnons d'antan, dont la tradition ne s'est pas perdue, les constructeurs de cathédrales avaient institué le Tour de France, dont M. Etienne Martin Saint-Léon, dans un ouvrage magistral, a étudié l'itinéraire, les mœurs, les coutumes. Les Compagnons du Tour d'Europe doivent les remplacer ou les compléter.

Après tout il était plus malaisé de circuler dans notre vieux pays, avec ses dialectes si différents, que dans notre Europe. Il y a cent ans à peine, les patois s'étaient à peine laissés entamer, dans le peuple. Il fallut, pour en venir à bout, l'école publique et le service militaire obligatoire. Par le Tour d'Europe, les hommes se connaîtront mieux, des colonies diverses se formeront, des liens se noueront. Est-il intéressant, pour les ouvriers, de connaître les méthodes anglaises, allemandes, suisses, italiennes, d'étudier les possibilités, d'apporter les progrès et d'éviter les erreurs ? Le Tour d'Europe rendrait de tels services qu'il convient de l'adopter. Il ne peut être assuré que par les syndicats, seuls capables de lui imposer une discipline et d'éviter les ennuis d'une mesure de cet ordre, qui peut être incomprise à ses débuts. Les groupements de travailleurs sentiront également, à l'usage, la nécessité d'une langue internationale.

Le syndicat, maniant la propriété, devra étudier les moyens de ne pas devenir redoutable par les biens de mainmorte. C'est le principal écueil qu'il doit éviter. Constamment l'Ancien Régime a saisi les biens ecclésiastiques, aux heures difficiles, malgré son alliance avec l'Eglise, parce que leur richesse débordait. Le syndicat est une congrégation, en somme. Il doit s'efforcer, en conséquence, d'individualiser ses possessions. Cela est aisé, en utilisant les valeurs mobilières.

Supposons qu'une des banques qu'il constituera acquière des actions d'une entreprise. Pourquoi ne les remettrait-il pas à des délégués, dans les manufactures, qui devraient obligatoirement les remettre à leur groupe s'ils quittaient l'usine où ils sont employés ? Ainsi le capital serait, à la fois, collectif et individuel. Il serait impossible d'y toucher. Rien de plus facile que de faire acheter ces parts aux intéressés,, avec des paiements échelonnés. Ici il faut redouter l'abus, d'ailleurs.

La réforme des lois sur les valeurs mobilières s'impose et devrait être l'une des préoccupations de la Chambre de Commerce européenne et du Bureau International du Travail ou, mieux encore, de la Chambre de Commerce Européenne et de l'Internationale syndicale. Les actions à vote plural devraient être purement et simplement interdites. Les valeurs industrielles et commerciales devraient pouvoir être acquises, de préférence, par le syndicat ouvrier correspondant, à la condition qu'il les répartisse entre ses membres par tirage au sort. Il est inadmissible que le sort de millions de travailleurs dépende, comme cela arrive aujourd'hui, d'un inconnu qui, ayant hérité d'un paquet de titres, ignorant tout de leur histoire, puisse imposer aux collaborateurs un joug immérité.

Les questions de main-d'œuvre, les problèmes de l'émigration et de la colonisation devront, également, être débattus entre la
Chambre de Commerce Européenne et l'Internationale des Syndicats européens.

C'est à ces deux forces qu'il appartient
d'ordonner les Etats-Unis d'Europe.

On voit que le rôle du syndicalisme est
immense et fécond. Il lui est donné de faire
une Révolution pacifique, mais dont la portée serait formidable. Tandis que la satrapie
fait la richesse flottante, il lui appartient de
la raciner ; tandis qu'elle la rassemble, il doit
la disperser; tandis qu'elle crée une féodalité
d'affaires, il assurera la démocratie économique dont les défauts seront considérables,
car rien de ce qui est humain ne saurait être
parfait, mais qui vaudra mieux que le régime
absurde où nous nous débattons.

UNE QUESTION

Il ne saurait échapper que ces plans constructifs limitent l'Etat. Ils l'atteignent dans sa souveraineté. Ils lui arrachent des parties de sa substance. Ils facilitent des Confédérations, comme l'abandon des droits provinciaux a permis les Nations qui ont formé les Patries. Le syndicalisme, devenu puissant, n'admettra pas davantage le gaspillage par les monopoles que l'industrie et le commerce. Il préfère, aujourd'hui, qu'ils ne soient pas la proie des hommes d'affaires, mais son réalisme luttera contre le gâchis sous toutes les formes. Un «dogme» sera mis par lui en péril. Il pourra d'autant moins rêver de transformer ses adhérents en fonctionnaires que la concurrence le talonnera. Il ne renoncera pas au droit romain, pierre d'angle des sociétés civilisées. Or, quelles seront ses relations avec Moscou qui a institué l'Etat de droit divin, bien qu'il soit une athéocratie ?

Sans doute, les dirigeants de la République des Soviets s'inspirent autant de Proudhon et de Bakounine que de Karl Marx. L'idée de Fédération des Etats est de notre Proudhon.

La Fédération des peuples russes, adoptée par les Soviets, est de Bakounine. Mais la conception de l'Etat, maître absolu des biens et des personnes, est marxiste. Elle est appliquée avec une impitoyable rigueur par le Kremlin. C'est elle qui sépare la recherche de l'Europe et l'Empire rouge. Il faut passer par-dessus les Etats pour construire l'Europe. Il faut qu'ils renoncent à leurs prérogatives. Tandis que les nationalismes inquiets, déroutés, tourneboulés, s'accrochent au passé, il est nécessaire de prévoir l'avenir et de l'aider. Or la constitution politique de la Russie contredit expressément ces vues. Pour elle, l'Etat est tout, peut tout. Le bon plaisir est sa loi. Qu'il ait dû l'épouser parce que les masses de la Russie n'auraient pas admis l'idéal de ses dirigeants, parce que le reste du monde est coalisé contre lui, est une évidence. Mais les causes expliquent les effets sans les rendre plus sympathiques. Les Soviets ont remplacé le Petit Père le Tsar, représentant de Dieu sur la terre ; la Tchéka est pire que l'Okrana.

La Russie évoluera, évidemment. Les rouages de ses institutions se desserreront. Elle a besoin de l'Europe et l'Europe ne saurait se désintéresser de cet énorme réservoir d'hommes et de richesses. Mais elle n'abandonnera pas, avant quelques lustres, sa formule de l'Etat divinisé qui est féodale, malgré son apparence scientifique. La vie sera la plus forte, mais lentement. Le mir communiste, le manque d'industries lui permettront de maintenir ses formes.

Elle a, d'autre part, besoin de demeurer en état de guerre pour maintenir son unité, d'exalter le patriotisme de ses sujets, tout en prêchant l'Internationale, de se vouer au nationalisme le plus effervescent alors que les Etats de l'Europe édulcorent le leur, admettent qu'ils sont des provinces du monde. N'est-ce pas un Etat blessé, amputé, démembré ? Elle ne saurait admettre la cristallisation actuelle, charte de la Société des Nations, pas plus que l'Italie n'admettait les traités de Vienne.

Elle est intéressée à ce que des guerres éclatent : guerres sociales, guerres étrangères. Jeter de l'huile sur le feu est son rôle. Elle en a besoin. Il lui faut des alliés. Où les trouver avec sa Constitution qui contredit les autres et les exclut, sinon en espérant la Révolution, en la soufflant, en attisant les flammes qui couvent sous la cendre ? Il faut que l'Europe soit cosaque pour que ses principes se perpétuent. Elle ne saurait avoir une politique pour la République des Soviets et

une pour l'Europe, puisque la souveraineté
des Etats est battue en brèche par les organismes qui donneront des bases à cette Europe. Charbonnier n'est plus maître chez lui.
Si la loi de huit heures était adoptée par Moscou, et qu'elle ne fût pas appliquée, des sanc-
tions pourraient être demandées, et le seraient, contre le délinquant. Si la Société des
Nations était autorisée à occuper certains
points stratégiques, tels que le canal de Suez
ou le canal de Kiel, les Détroits, les Carrefours du monde, la Russie ne pourrait s'y refuser sans se mettre en dehors d'elle.

Nous ne discutons pas le bien ou le mal-
fondé du bolchevisme, nous soulignons qu'il
ne peut appartenir à l'Europe en la niant.
Or c'est la nier que d'admettre l'Etat de droit
divin absolu quand le relatif est l'obligation
ailleurs. Les mêmes raisons prévaudraient
pour le fascisme italien s'il se refusait à une
interdépendance.

La France républicaine avait pu contracter
alliance avec le tsarisme parce que chacune
de ces nations gardait son quant à soi,
l'Alliance étant militaire et économique.
Mais l'Europe qui se fait a des bases sociales,
ce qui déborde l'économique et le politique.
Elle entrebâille les frontières, en attendant
mieux. Elle a le libre-échange pour but. Or

le libre-échange est incompatible avec les idées du Kremlin. On voit l'importance de la question.

Pour créer l'Europe il faut que chaque nation abandonne une part de ses prérogatives. Il convient qu'elle renonce au profit d'un ordre pacifiant. Les Etats doivent oser une modeste, très modeste nuit du 4 Août. La Russie le peut-elle? Si elle ne le peut elle reste à l'écart. Voilà le dilemme. Moscou doit choisir.

La Russie est-elle assez forte, assez unie, assez maîtresse des institutions et des hommes pour s'y résoudre? Préférera-t-elle demeurer isolée ou entrer dans la famille accueillante? Le démon de la force lui fera-t-il refuser cette proposition? L'isolement lui est-il indispensable? La règle du couvent est formelle et tout abandon paraît un sacrilège à ses dévots. Mais les moines sont des reclus volontaires. Condamner tout un peuple à cette discipline, même pour son bien, est intolérable. Qui possède la vérité suprême ? Toute science ramène au doute.

Clemenceau et Lloyd George avaient imaginé contre les Soviets le régime du cordon sanitaire. Est-ce que les dirigeants de la Russie, eux-mêmes, vont préférer le fil de fer barbelé ? L'Europe qui se forme, l'Europe qui se sculpte attend leur réponse. Elle est prête à les accueillir. Elle ne voit pas d'inconvénient à ce qu'ils poursuivent leur propagande spirituelle. « Nul ne peut être inquiété pour ses opinions, même religieuses, pourvu qu'elles ne troublent pas l'ordre public établi par les lois », assure la Déclaration des Droits de l'Homme, qui reste la charte de l'Humanité. La propagande spirituelle n'est pas la propagande par le fait. Si la restriction des armements paraît admise par l'opinion publique de tous les pays, ce n'est pas pour autoriser les partis à utiliser les mitrailleuses dont les armées ne se serviront plus. La force ne saurait être la dernière raison des Etats, d'après nos espérances, à plus forte raison ne pourrait-elle devenir la raison par excellence des classes. Remplacer la guerre étrangère par la guerre civile est d'autant moins à désirer que la guerre civile exige la guerre étrangère, tôt ou tard. Les impérialismes de pensée ont leurs périls comme les impérialismes économiques et militaires.

Sur le régime lui-même qui domine la Russie, notre opinion est commode à deviner. Nous ne croyons pas au paternalisme. Nous sommes persuadé que les hommes de génie n'approchent pas de la perfection et qu'ils ne sauraient songer à tout. Les constructions idéales de leur esprit pèchent toujours par quelque endroit. Les citoyens ne sont ni des fourmis ni des abeilles, spécialisées dès leur naissance. Là où tous les gouvernements religieux ont échoué le bolchevisme ne peut réussir qu'en s'adaptant, c'est-à-dire en oubliant son nouveau décalogue. On ne refoule pas plus les fleuves que la nature humaine. Il faut être bien hardi et candide pour se figurer qu'on est le Messie capable de satisfaire non seulement tous les besoins, mais encore tous les désirs, qui sont insatiables. Nous croyons que le laissez-faire, laissez-passer, dans les divers domaines, avec quelques tempéraments, a plus de vertus. Où les Jésuites ont buté les mathématiciens sociaux du Kremlin ne sauraient réussir. L'Europe ne sera pas bâtie, d'ailleurs, sur l'Absolu, mais sur des compromis. Elle est inconcevable en dehors de la liberté, de l'acceptation des concurrences individuelles se substituant aux concurrences nationales. L'idéal de Moscou exclut celui de l'Europe comme la Révolution Française excluait la féodalité.

Sans doute, par ses victoires mêmes le

régime bolcheviste se corromprait comme l'Eglise s'est nationalisée au contact des divers peuples et des religions. C'est une raison de plus pour désirer son évolution afin d'économiser des années d'incertitudes. L'humanité a besoin de sécurités. Le monde moderne n'a pas voulu d'une Eglise dominant le temporel. L'Etat de droit divin connaîtra les mêmes difficultés, car les temps ne sont pas mûrs pour lui.

Cela ne signifie pas qu'il doit disparaître : il lui suffirait de s'adapter.

LES NATIONS ET LA CIVILISATION

Ce n'est pas afin de sacrifier aux nuées, voire à la mode, qu'il faut rabougrir les nations, ce n'est pas pour complaire à l'esprit international des affaires ou pour satisfaire aux lois économiques. C'est afin de sauver la Civilisation. En 1918 seulement, la guerre a pris sa signification. Toutes les forces de l'État, contractées, travaillent pour le front dont la puissance est telle qu'il peut anéantir un pays. A peine les hostilités seraient ouvertes que des régions seraient pulvérisées, des contrées devenues chauves, des provinces auraient vu disparaître toute vie. Les hommes, les enfants et les femmes qui subsisteraient, mobilisés, auraient leurs biens réquisitionnés ; l'état de siège et la loi martiale compléteraient ces dispositions. Que le pouvoir civil ou le pouvoir militaire gouverne, l'esclavage ne serait pas moins écrasant. Les familles seraient dispersées, ses éléments déportés d'un pays à l'autre. Car ce que nous avons vu dans le conflit de 1914 serait complété, aggravé, systématisé. Le pays qui s'en tirerait serait agonisant, l'autre mort.

Voilà ce qui nous attend à la prochaine dernière. Ce tableau n'est pas noirci. Il n'est besoin que de se souvenir pour l'admettre. En outre, quand la France était aussi peuplée, comme en 1789, que l'Angleterre, les Pays-Bas, l'Allemagne, l'Autriche, l'Italie et l'Espagne réunies elle pouvait combattre seule, étant assez riche, armée, outillée pour se défendre. Elle a le même nombre d'habitants depuis un siècle tandis que l'Angleterre en a trois fois plus, l'Allemagne huit fois plus, l'Italie dix fois plus, comme la Pologne. Nous devons, fatalement, faire partie d'un groupe. Nous y sommes obligés par nos colonies, qui ont besoin d'une marine formidable que nos moyens ne nous permettent pas. Mais tous les peuples sont logés à la même enseigne. La coalition qui a abattu l'Allemagne se reformerait contre le pangermanisme agressif. Seules les guerres coloniales peuvent limiter leurs objectifs. Qu'un conflit éclate encore dans les Balkans, pourrait-on mettre, autour, des piquets d'incendie ? Les flammes ne brûleraient-elles pas bien au delà ? Les désirs de revanche couvent partout comme les idéals politiques rivaux et les intérêts, prompts à influencer les esprits pour tournebouler la planète.

Sans doute les armements à outrance ne prouvent pas spécialement un désir de guerre. On peut avoir un revolver dans sa poche sans l'utiliser. Rochefort faisait remarquer à un président de cour d'assises qu'il avait, sur lui, tout ce qu'il fallait pour commettre un viol et qu'il n'avait rien à se reprocher, néanmoins. Mais ces armements témoignent de l'anxiété des nations. Ils ne sont obtenus qu'en exaltant la fibre patriotique, en dénonçant le danger, en obligeant l'adversaire éventuel à se renforcer. Cette situation impose aux Etats de ne pas supporter d'atteinte à leur souveraineté. Toute théorie qui peut altérer ce dogme est considérée par eux comme subversive. Or tous les patriotismes ne sont pas exclusivement défensifs. Il en est d'agressifs. L'offensive n'est-elle pas la tactique par excellence ? Attaquer, n'est-ce pas interdire à l'adversaire de riposter ? Une opinion publique en effervescence surveille toutes les manifestations des voisins et en tire parti pour sa propagande et pour sa foi. A ce jeu, les oreilles s'échauffent, les amours-propres se hérissent. Il suffit de constater quelles interprétations folles, quels hurlements passionnés ont accueilli les accords de Locarno, timide essai pour établir la paix sur le plan juridique.

Or il faut se débarrasser de l'hydre sanguinaire, il faut sauver la civilisation.

Y parviendra-t-on par le désarmement ? Oui et non. Ou plutôt, oui pour l'avenir, non pour le présent. Chercher à désarmer, dans l'état actuel du monde, c'est mettre la charrue devant les bœufs. Il convient de s'en prendre, d'abord, aux causes des armements. Mais négliger que les avions peuvent être transformés en armes de combat dans quelques heures, que les usines de produits chimiques peuvent fabriquer, en vingt-quatre heures, plus de gaz qu'il n'en faut pour ruiner à jamais un département, serait pécher contre la réalité. Pour que les avions restent inoffensifs, il faudrait qu'on n'ait jamais lieu de les armer. Le salut de la civilisation l'exige. Quand le choléra menace, on prend contre lui des mesures internationale. Or la guerre, avec ses désastreuses possibilités, est un choléra à grande puissance. Et quant à espérer que, par des décrets et des recommandations, on pourra n'autoriser les combattants qu'à batailler avec des tubes de macaroni chargés de petits pois serait faire preuve d'optimisme de cabanon.

Ce qu'il faut, c'est placer la Civilisation au-dessus des nations.

Il n'est pas un de nous qui ne le sache et ne sacrifie à cette idée. Si nos maisons, si nos foyers contiennent des spécimens des produits du monde, notre culture est imprégnée de pensées étrangères. Aucun peuple ne vit sur son œuvre nationale dans le poétique, dans le scientifique, comme dans l'économique. La suppression d'une culture serait ressentie par chacun comme un désastre. Les chefs-d'œuvre de toute origine sont la chair et le sang de notre esprit. Pendant la guerre seuls des sots, en France et chez les Alliés, ont pu traiter Gœthe, Henri Heine, Nietzsche, Richard Wagner en ennemis. La Civilisation plane et appartient à tous, comme le ciel, l'air, la lumière ailée du soleil.

Mais comment la garantir ?

En faisant appel à une élite, comme semble le désirer M. Lucien Romier, directeur de conscience du Français moyen? Soit. Comment se dégagerait-elle? Ce ne sont pas les Académies qui les représentent. La terre tourne en dehors de leur autorité. Ce ne sont pas les Parlements qui les assurent. Le xix^e

siècle a assuré l'avènement de la démocratie politique et aussi élargi l'élite. Elle est partout. Il n'est pas de pierre de touche pour la reconnaître. Les diplômes ne permettent pas de la dégager. Les élites ne peuvent être organisées en Collège amphyctionique. Tout ce qu'elles peuvent faire, et c'est immense, c'est influencer l'opinion publique, la préparer, l'intéresser. Les élites des divers Etats doivent se chercher, se grouper, s'allier, s'unir, proposer un programme commun. Elles faciliteront l'œuvre de sauvegarde. Elles habitueront à substituer l'idée de l'Europe à celle des patries. C'est énorme et insuffisant.

On aura remarqué que nous n'opposions guère le national et l'international parce que les deux formules se complètent, loin d'être adversaires. On est de son village, de sa province, de son pays. On peut les aimer d'un amour ardent. Une mère répartit sa tendresse sur tous ses enfants. Les nations seront toujours nécessaires, comme les communes, comme les divisions administratives. Les nations sont les provinces de l'humanité. Le groupe des nations européennes doit constituer l'Europe.

Comment ? C'est tout le problème.

Deux thèses sont actuellement en présence :

celle qui fait la plus entière confiance à la Société des Nations et dont M. Henry de Jouvenel est le brillant représentant ; celle qui croit aux accords particuliers et dont M. Aristide Briand est le champion.

M. Henry de Jouvenel voudrait qu'à la Société des Nations la France, continuant la politique d'Henri IV, fût le héraut des petites puissances et les agrégeât autour d'elle. C'est par l'équilibre qu'il compterait voir assurer la paix. La paix est un équilibre, c'est la vérité biologique, de même que la vie est l'ensemble des forces qui s'opposent à la mort. Mais l'équilibre admet deux groupes rivaux. Il n'est pas indispensable qu'ils se jouent des tours pendables, mais qui dit groupe dit compétitions, armements, possibilités de conflits. C'est cela que nous voudrions éviter. Il le faut pour le salut de l'espèce humaine. Si la Société des Nations ne nous offrait que cet idéal, il faudrait lui garder notre confiance, parce que ce devenir est supérieur à notre ordinaire actuel, mais tant d'espoirs s'évanouiraient comme fumée en la nuit !

Les accords particuliers sont préférables. Ils jouent le rôle de la garantie d'assurance. Bien orientés, ils limitent les dégâts. Ils n'entravent pas l'action de la Société des Nations et préparent l'Europe. Quand le renard s'engage à ne pas attaquer le poulailler, il ne faut le croire qu'à demi ; mais s'il a signé cet accord, c'est parce qu'il ne pouvait faire autrement ou qu'il y trouve son avantage. L'Allemagne pouvait-elle refuser Locarno ? Comment donc ! Par conséquent, Locarno n'est pas si mauvais. Il comporte toute une série d'accords commerciaux, d'échanges financiers, intellectuels, sociaux, une union postale en attendant l'union douanière, la porte ouverte dans nos colonies, la rétrocession de certains mandats coloniaux.

Cela fait, déjà, pousser les hauts cris : « Invasion ! s'époumonnent les craintifs et les patriotes professionnels. Souvenez-vous des commerçants boches qui se révélèrent espions en 1914, de nos industries contrôlées par l'ennemi, des agences clandestines de renseignements qui couvraient le pays et rendirent tant de services durant la marche sur Paris ! » Qu'on nous fasse la grâce de croire que nous n'ignorons pas ce passé et qu'il ne nous décourage pas parce que les conditions sont changées. Non que l'esprit de convoitise et de rapine ait disparu de chez nos voisins. Il y faudra du temps. Il est évident que l'Allemagne est couverte de sociétés guerrières qui soufflent, chaque jour, dans les clairons de la revanche. Mais l'interpénétration des intérêts et des peuples est indispensable pour façonner une âme collective européenne et le pangermanisme perdra de son influence si cette politique de collaboration donne des résultats.

— Au contraire, vous ne connaissez pas les Allemands, rétorqueront les inquiets. Avec eux, le proverbe : « Poignez vilain, il vous oindra » est trop exact. Ils prendront vos concessions pour une manifestation de faiblesse.

— Allons donc ! Il y a des éléments loyaux, outre-Rhin. Il y a des désintoxiqués du nationalisme. Facilitez l'évolution des autres, quitte à rester vigilant, à réclamer des garanties. Faites, par exemple, proclamer par les puissances que si une escadrille allemande, ou un régiment prussien franchit la zone du Rhin la guerre est immédiatement proclamée.

— Nous serons roulés, déclareront-ils.

— Pourquoi ? Sommes-nous si maladroits ou si bêtes ? A quoi riment ces puérilités ?

— Mais ne voyez-vous pas que l'Allemagne aura gagné la guerre si elle peut escompter de tels résultats ? Ce n'était pas la peine que nous perdions un million cinq cent mille morts, la fleur de notre admirable jeunesse.

— Alors, répondrons-nous, vous croyez que la France, pour durer, a besoin de tuteurs et de soutiens ; incapable de résister à ses concurrents vous la voyez destinée à être pulvérisée dans la guerre économique ? Vous ne l'estimez pas à sa valeur. Elle a des leçons à prendre. Elle en a d'autres à donner. C'est un grand pays, au génie constamment renouvelé, qui excelle à concevoir et à réaliser, desservi par ses chefs, trop fréquemment, mais à qui il est facile de lutter, certes, et de vaincre. S'il était aussi faible et retardataire que ses défenseurs l'assurent, il ne mériterait pas tant de soins ; il usurperait sa place dans le monde, il devrait la laisser à de plus robustes et ingénieux. La France ne réclame la pitié de personne. Cessez de l'outrager et de croire que vous l'aimez plus que ceux qui ne redoutent pas tant de risques pour elle.

Non, il ne faut pas craindre ces ententes, ces essais de rapprochements. Ce n'est pas oublier la guerre que d'essayer d'éviter le retour de ce cauchemar, de ce cataclysme.

Nous sommes donc pour la Société des Nations et des accords particuliers. Quand ceux-ci auront été réalisés, de proche en proche, de rencontre en négociation, nous proposerions la constitution d'un Conseil supérieur de l'Europe. Il serait composé d'un délégué de chaque gouvernement, d'un délégué des syndicats ouvriers et d'un délégué des chambres patronales de chaque pays, d'un délégué de chaque Parlement. Comme pour le Bureau International du Travail, leurs propositions, votées à la majorité, devraient être soumises aux Parlements dans un délai : celui d'un an au maximum nous paraît raisonnable. C'est bien le diable s'il n'y en aurait pas quelques-unes qui feraient avancer les choses. Dès que la Chambre Européenne du Commerce serait établie, elle enverrait quatre délégués dans ce Parlement des Etats de l'Europe.

Combien de risques seraient évités par cet organe, combien d'angoisses !

On ne peut recourir, pour le moment, qu'à cet expédient. Il est impossible de songer, en effet, à choisir des délégués suivant l'importance des Etats ni à faire voter en leur faveur par le suffrage universel. Attribuer des droits souverains à cet organisme serait ridicule et qui l'admettrait ? Les nations ont des habitudes qu'il ne faut pas contrarier. C'est lentement que l'ordre nouveau s'étalera. Il finira par s'imposer.

Il ne faut pas que la civilisation expire. Il est indispensable de faire accorder son prestige avec les nécessités nationales. Aux partisans de l'équilibre nous préférons les hommes de bonne volonté, ceux qui essaient de toutes les méthodes car toutes ont leur heure.

C'est par eux que l'Europe sera réalisée.

LES ORGANISMES FINANCIERS
QU'ATTEND LA FRANCE

A libre concurrence assurée, voilà ce que suppose l'organisation de l'Europe où le fracas des armes serait assourdi. Pour cela tous les pays doivent imaginer la mobilisation de leurs ressources. Nous sommes loin de compte en France. Nous n'avons pas su utiliser l'admirable et prophétique mouvement saint-simonien, suivre les idées de Pereire sur la banque, ouvrir largement le crédit à tous. Nous avons encore, sur la valeur humaine, les pensées saugrenues des Romains qui, par la guerre, se procuraient tellement d'esclaves qu'ils pouvaient s'en soucier fort peu. Un garçon de vingt ans n'at-il pas coûté au moins trente mille francs de nourriture et de vêtements, dix mille francs d'instruction et d'apprentissage ? Ne représente-t-il pas un capital ? Que vaut-il ? Ce qui a été dépensé pour lui, ce qu'il peut acquérir dans une vie plus ou moins longue, mais dont les assurances ont établi la moyenne. S'il disparaît, on peut dire que la société perd un capital important. Qu'a-t-elle fait, dans ces conditions, pour le garantir ? RIEN. On meurt moins de faim qu'autrefois, certes, mais on jette dans l'aventure de la vie, sans un viatique, des jeunes gens qui sont précieux. Leur disparition devrait émouvoir bien d'autres que leurs parents ou leurs amis. Ils doivent, la plupart du temps, se débrouiller comme dans la jungle. Les sauvages font grimper leur vieux père au cocotier et secouent l'arbre en tempête. L'ancêtre s'y maintient ? On l'honore au foyer, puisqu'il peut lui être utile, sinon il est sacrifié. Nous en rions : nous avons gardé d'identiques méthodes. Il faut monter au mât de cocagne, tant pis si l'on dégringole. Quant à tendre, pour y parvenir, cette bonne vieille échelle sociale, cela paraît plaisanterie.

Nous n'avons pas compris qu'il convenait d'allier, en l'occurrence, le crédit et l'assurance. Nous n'osons pas améliorer la nature. Elle gaspille les talents, les énergies, les fleurs et les fruits. Elle agit en prodigue épanoui. La société lui ressemble, comme si nous étions encore sous le joug des théologiens qui reprochaient à l'homme de corriger l'œuvre de Dieu. La lutte pour la vie la plus âpre la plus impitoyable règne et ne rencontre que peu de freins. On ne croirait guère, en le constatant, que tant d'auteurs sur la solidarité, l'esprit social, les liens étroits qui unissent les hommes, sont parvenus au pouvoir, y ont possédé une large influence. C'est qu'il est plus facile de reconnaître le bien-fondé d'une idée que de découvrir les moyens de la mettre en valeur. L'idée n'est presque rien, l'application est tout.

En examinant le roman des arrivés de notre époque, presque tous partis de rien et qui ont édifié des fortunes considérables, on se dit que pour quelques-uns, qui ont pu traverser des forêts d'embûches et parvenir, des milliers se sont abattus, brisés, vaincus, découragés. Est-il indispensable de donner aux triomphateurs cette escorte lamentable ? N'apparaît-elle pas comme l'accusation la plus écœurée contre un ordre qui aboutit à ces hécatombes ? Peut-on en être fier ?

Les haineux, ceux qu'anime la colère et l'indignation plus encore, âmes généreuses et vibrantes, se figurent que c'est par calcul qu'on aboutit à ces résultats. Ils imaginent un complot grandiose mené par des machiavélistes pour romans-feuilletons. Comme si l'indifférence ne suffisait pas à expliquer ces méthodes insensées, et l'habitude. Combien nombreux ceux qui s'imaginent qu'il suffit de jeter n'importe qui à l'eau pour lui apprendre à nager ! Qui raisonne ainsi : la vie fut cruelle pour moi, j'entends la rendre raisonnable pour les autres ? Heureux ceux qui n'accusent pas tout le monde en bloc, d'un état de choses réformable.

Pouvons-nous continuer à considérer le Mont-de-Piété comme une création géniale et M. Dufayel comme un bienfaiteur de l'humanité puisque, sans lui, des centaines de milliers de mariages auraient dû être différés ? Il y gagna une fortune, sans doute, mais il permit l'établissement de plus de foyers que tous les théoriciens réunis aux philanthropes. Cela, par le seul crédit.

Sans le crédit, nous n'aurions pas plus possédé les chemins de fer que les entreprises modernes, que les éléments de la civilisation industrielle qui ont enrichi notre existence. Par le crédit, une révolution sociale est non seulement possible, mais aisée et diminuerait les risques d'une société basée sur le salariat. Car on ne peut maudire le capital sans prêter à sourire. Il est, comme la langue d'Esope, la meilleure et la pire des choses. On peut désirer son aménagement, non sa destruction. Quand les bolchevikis fabriquèrent à la rotative le papier-monnaie ils cherchaient à avilir l'argent, à supprimer l'idée de valeur, purement et simplement. Comme si l'argent n'était pas le moyen d'échange par excellence ! Le remplacer par le bon du travail, c'est se figurer que le chèque barré est plus souple et commode que la monnaie, c'est imaginer que le troc est supérieur à l'argent. C'est faire rétrograder l'humanité pour obéir à des principes mal digérés. Les méfaits du capital sont dûs au monopole de l'or entre quelques bénéficiaires, seuls maîtres du crédit. Offrez le crédit à tous et le capital sera plus fécond, plus serviable, ses conséquences seront moins incriminées. Prendre les effets pour les causes est spécieux, c'est transformer les vessies en lanternes. Si, au lieu d'attaquer le capital, on avait songé au crédit, quel pas en avant l'humanité aurait pu accomplir !

Il n'est pas trop tard, il n'est jamais trop tard pour voir clair et agir.

Nous avons souligné que le syndicalisme devait organiser le crédit dans sa sphère, et indiqué qu'il pourrait bien attaquer les monopoles improductifs, acquis au nom des principes, et qui font perdre à tous les contribuables de précieuses richesses. Nous n'avons pas cru devoir appuyer sur son rôle auprès des maîtres actuels de la production parce que chacun le connaît. Que les établissements de crédit, qui répondent si mal à leur définition, aient besoin de se réformer, c'est trop visible. Ce sont des banques de dépôts, des caisses d'escompte, des institutions d'émission, des guichets de change et de bourse, non des centres de crédit réel, d'une façon générale, du moins en France, car les établissements de crédit, en Allemagne, notamment, comprennent mieux leur rôle, encouragent et aident, réellement, l'industrie et le commerce. Certes, la conception de nos grandes banques a pour le négoce et la production un avantage : celui de leur éviter les crises qui bouleversent, parfois, l'économie germanique. Quand tout est basé sur le mécanisme du crédit il suffit d'une difficulté pour que les rouages soient encrassés, ensablés, et que l'énorme machine sociale se voit mise en péril. Nos établissements de crédit tiennent, sans doute, à en protéger l'économie nationale !

Mais nous n'avons pas précisé le rôle que pourrait jouer l'Etat pour l'organisation pratique du crédit.

S'il n'est pas, actuellement, dans la civilisation moderne, le maître impitoyable des biens et des personnes, il les contrôle étroitement. On s'est révolté contre les maltôtiers et les rats-de-cave, les agents de la gabelle, les porteurs de contraintes. On accepte le fisc, autrement envahissant et rude. L'Etat est associé aux bénéfices de tous. Il intervient et ne laisse guère que le droit de discuter après avoir payé. Il a donc intérêt à ce que chacun soit prospère. Plus on a de revenus et plus sa dîme est confortable, plus les transactions sont facilitées et plus il s'épanouit d'aise. Ses prélèvements étant progressifs, il ne peut que désirer les voir magnifier. Si sa morale fut, jusqu'à présent, suivant le mot du père Thiers, si bien mis en pratique par Rouvier, de plumer la poule sans la faire crier, elle n'a plus cours aujourd'hui. L'impôt impersonnel s'accommodait de cette théorie. L'impôt personnel exige, au contraire, que l'Etat s'occupe d'accroître la richesse des contribuables, leur faculté de contribution, afin d'échapper aux crises de trésorerie. Qu'importe de payer cher si l'on peut, et au delà, récupérer ce que l'on donne. Aussi l'Etat doit abandonner son attitude fiscale et chercher comment, par le crédit, il pourrait aider ses associés. En reprenant la taille il a renoncé, qu'il le veuille ou non, à son splendide isolement. C'est d'autant plus exact que si les citoyens sont mal en point, dans leurs affaires, il s'en ressent de façon cruelle et peut s'écrouler, ce qui ne va pas sans maux.

Cette solidarité des Finances publiques et

privées a bien été entrevue, mais pas avec cette rigueur, quand on préférait imposer les choses et non les personnes. Elle commande, aujourd'hui, toute la politique financière.

Sans doute l'Etat intervient par des subventions, des allocations, des primes, distribuées au petit bonheur, qui coûtent **fort cher** et ne rendent pas toujours les services désirables. Il doit, maintenant, pour ne pas trahir sa mission. offrir à tous le crédit, d'une manière permanente. Il le **doit** par intérêt bien compris. Qu'il en résulte des bienfaits considérables, qu'une véritable révolution pacifique émane de ses décisions ne peut que lui être agréable. Quand l'intérêt et le **devoir** coïncident, il n'est pas besoin d'être héroïque. L'Etat n'aurait donc pas grand effort à accomplir pour faire valoir ces plans

Seulement, il faudra bien circonscrire ses droits vis-à-vis de ses débiteurs, car il n'est pas commode, le bougre et il vous condamnerait au suicide, si on le laissait faire, *administrativement,* sans qu'on puisse même botter le derrière aux imbéciles qui obtiendraient de tels résultats. On peut tout se permettre quand on suit les règlements, toujours pleins de pièges, étant rédigés par des logiciens à passoires, c'est-à-dire par des cerveaux un peu fumeux, un peu troués, qui prennent volontiers la partie pour le tout, étant des analytiques, non des synthétiques.

Cette observation n'est pas inspirée par la méfiance, mais par le goût de la sécurité. Nous croyons que l'idée de responsabilité ne saurait être trop définie et que les contrats où domine le vague, sont le pain et le beurre des gens de loi. Nous rêvons, par exemple, qu'il soit déclaré que l'Etat, dans son domaine des P.T.T. doit une indemnité pour toute faute dans le service. Celui-ci marcherait mieux et les reproches qui lui sont adressés se transformeraient en éloges. Nous ne sommes pas mûrs pour une société sans sanction ni obligation comme celle imaginée par Jean-Marie Guyau. Toute discipline doit comporter une part, la plus grande, d'acceptation volontaire, mais exige de se précautionner contre les délits.

Voici comment l'organisation du **crédit devrait** être poursuivie :

Nous admettrons les projets de l'original écrivain qui signe Simonin dans l'*Impartial Français*, pseudonyme qui dissimule M. René Favareille qui fut une des lumières du Conseil d'Etat. Il imagine, pour l'encouragement à la production, que l'Etat et de grandes compagnies, constituées à cet effet, seraient créées, en s'inspirant des contrats qui lient la Nation avec les Compagnies de chemins de fer. Dans ces alliances, l'Etat accordait un droit d'expropriation et la garantie d'intérêts, tandis que les Compagnies, dont les Saint-Simoniens furent les apôtres et les **organisateurs**, apportaient les moyens techniques et les capitaux.

Il désirerait que la puissance publique, le capital et le travail collaborent étroitement. Il faudrait admettre, en outre, la **représentation** des usagers afin d'harmoniser les intérêts. Ces groupements nationaux développeraient l'habitation, l'activité coloniale, le commerce de l'alimentation, les industries électriques, les forces agricoles. Ce que le Crédit foncier a permis, pour la propriété, serait réalisé au profit de toutes les forces productrices.

Une banque du Bâtiment, une banque du Commerce, une banque de l'Agriculture, une banque des Colonies, une banque de l'Industrie, une banque Maritime, seraient donc aménagées.

M. Simonin signale le succès remporté par la Société Nationale de Crédit à l'Industrie, établie en Belgique, en 1919, et qui a servi davantage la cause de la reconstruction que notre Crédit National. Il est, en effet, encourageant. La Banque Belge, en dehors de son capital initial se procura des fonds par des dépôts à long terme et des obligations. Les affaires qui lui sont présentées sont garanties par des Comptoirs qui se portent ducroire et avalisent les effets, ce qui nous paraît un palier superflu. Elle a enregistré, en 1926, plus de cinq milliards d'affaires.

Nos propositions s'efforceraient de mieux asseoir les vues de M. René Favareille. Voici, en effet, sur quelles bases nous verrions ces constructions magnifiques.

L'Etat dispose de dépôts considérables par les Caisses d'Epargne, les Chèques-Postaux et la Caisse des dépôts et consignations. Il utilise deux de ces coffres-forts, au moins, pour garantir la rente et intervenir sur le marché. Cela paraît inutile depuis la création de la Caisse d'amortissement, pourvue de ressources spéciales et ce simple fait démontre qu'il faut reprendre nos institutions financières publiques, ou du moins réformer leurs habitudes. Or, l'on connaît exactement la moyenne qui demeure dans la Caisse d'Epargne, même dans les périodes de crise et celles-ci ne nous ont pas été épargnées. On peut calculer, de même, quels dépôts stables restent dans les comptes de Chèques-postaux, quels reliquats sont à la Caisse des Dépôts et Consignations. Au moins un demi-milliard est confié à ces administrations constamment et n'est pas utilisé, sinon pour acquérir des Bons du Trésor et des rentes, ce qui ne rend pas de services à l'Etat, tandis que cette trésorerie, mise dans les affaires, contribuerait à la prospérité publique. Avec le cinquième de ces ressources, on pourrait créer tout le capital bancaire utile ; avec le reste, on aurait les obligations les plus considérables. Or la Banque de France aiderait ces créations et la propriété privée ne manquerait pas de s'y intéresser. Par conséquent, on peut trouver, en un tournemain, les fonds nécessaires au lancement et au financement de ces Banques modernes.

Le capital-actions, fourni par la Caisse d'Epargne et les Chèques-Postaux, serait incessible et insaisissable. La Banque de France ne pourrait faire des avances sur cette part qu'au cas où les Caisses publiques, assiégées par le déposant, auraient besoin de ces sommes, ce qui est invraisemblable. Le reste serait souscrit par la Banque de France, qui trouverait dans ces organisations, de nouveaux clients pour l'escompte et par le public. L'Etat garantirait le capital-obligations, et l'intérêt qui y serait affecté. Les opérations envisagées seraient faites pour vingt ans au maximum. L'administration serait assurée, conjointement, par des délégués de l'Etat, des syndicats patronaux et ouvriers qui utiliseraient ses services et les usagers pourraient avoir deux représentants dans le Conseil, complété suivant les méthodes ordinaires.

C'est une vérité première que les inventions, se bousculant, détruisent les possibilités, l'une après l'une, pour en susciter de nouvelles. Tel plan de constructions urbaines ingénieux paraîtra incommode à nos descendants. Nos cités seront transformées, dans quelques lustres, le centre seul étant conservé pour les affaires, compartimenté en rues et quartiers, comme au Moyen-Age, pour des raisons de commodité, tandis que les habitations seront situées dans les cités-jardins, si proches grâce à l'aviette. Alors la Ville de Paris ne dira plus, quand on lui proposera des appartements ouvriers comportant chauffage central, glacière, descente automatique des ordures : « C'est trop beau pour des travailleurs », car on aura compris que de tels avantages ne sont pas un signe de luxe. Nous pourrons nous demander, en tout cas, si l'activité ne se déplacera pas, si la famille de l'avenir ne pourrait pas être mi-artisane, mi-agricole, si les services collectifs d'eau, de gaz, d'électricité, de transports ne seront pas contre-balancés par des services industriels, obtenus scientifiquement à moindres frais, car les créations de force ou d'énergie pourraient bien être facilités, à domicile, sans frais. Le crédit qui ne compterait pas avec ces rêves risquerait d'être perdu. Il devrait chercher à s'appuyer sur l'assurance dont les Etats-Unis ont si largement admis l'application, ce qui est une des raisons de leur prospérité. L'assurance combinée avec l'efficience jouera un grand rôle dans l'économique de demain.

L'efficience est l'art d'organiser les affaires pour leur faire rendre le maximum. C'est une mystique, un sport et une science. Quand une affaire industrielle périclite, alors que ses rivales propèrent, c'est parce que la comptabilité est mal établie, que l'administration est incompétente, que le personnel est mal utilisé, que l'outillage n'est pas au point, que les méthodes commerciales sont en retard. Si l'expert intervient à temps, et est écouté, il assure la fortune de l'entreprise. Quelques règles fort simples suffisent. Les sociétés à succursales multiples ont de ces réorganisateurs, qu'ils appellent inspecteurs et qui leur rendent d'importants services. Auprès des Banques et des compagnies d'assurances qui travailleront en liaison avec elles, on constituera des ingénieurs spécialisés qui épargneront des surprises.

Les grandes banques, que désire M. René Favareille comme nous, permettraient de ne pas laisser en panne **nos travaux publics, de** développer nos ports, d'outiller nos colonies, notre aviation, d'aider nos usines, d'établir des docks frigorifiques et des entrepôts, d'assurer l'électrification des campagnes, de moderniser, enfin, l'outillage économique. Se complétant mutuellement, elles **rendraient** de prodigieux services. Ce n'est pas le **tout** d'avoir des colonies, il faut encore savoir les exploiter, semer de l'argent pour récolter de l'or. Pour cela il faut des moyens. On en aura par ces instituts de crédit qui donneront toutes les garanties désirables.

Mais ils ne peuvent être utilisés que **par les** entreprises puissantes ou moyennes. Il faut envisager une autre forme d'entr'aide, le crédit individuel. A côté des banques populaires et des banques artisanes, qui prospéreront parce qu'elles ont un champ d'affaires gigantesque, la banque de crédit individuel a un rôle de premier ordre.

Nous l'avons exposé, tout citoyen représente un capital et nous n'avons rien découvert en l'affirmant. L'assurance sur la vie est fondée sur ce fait, mais les gouvernements n'en ont pas tiré le parti désirable. Officiellement l'on en est encore au **prêt d'honneur,** qui ressort de la camaraderie bien comprise, au don de lits pour les besogneux, de layettes pour les nouveau-nés, qui **n'est que de la** charité. L'on n'a même pas systématisé la méthode des barcelonnettes, en l'utilisant dans le domaine colonial.

Etant donné que les enfants de Barcelonnette, coquette cité des Basses-Alpes, ont acquis une influence énorme au Mexique **en** appelant auprès d'eux, pour les aider, **des** compatriotes, en leur facilitant les débuts, qu'aurait-on pu imaginer, surtout après avoir constaté que ce système avait été utilisé par les Italiens, les Grecs, les Portugais, les Chinois, les Japonais, les Allemands, les Irlandais, avec succès aux Etats-Unis ? Chaque grande cité aurait créé des bourses annuelles de dix mille francs avant la guerre, de cent mille francs aujourd'hui, en spécifiant **que** les bénéficiaires devraient se rendre dans une colonie déterminée, s'engager à rembourser cette somme dans les quinze ans et à ne faire appel, pour les aider, qu'à des enfants de la cité qui les protégeât. Si l'on avait créé dix bourses analogues par an, il aurait fallu engager deux millions, dont seuls les intérêts auraient été perdus, car, par une assurance sur la vie, contractée au bénéfice de la ville, le capital eût été garanti. Une centaine de villes françaises auraient pu s'inspirer de cet exemple. Le résultat aurait été : la colonisation assurée avec d'incomparables éléments, la création de familles attachées au sol qu'elles féconderaient, la prospérité de la métropole et de ses filiales. Les villes auraient largement récupéré ces avances, car des industries, des commerces auraient certainement fleuri pour elle. Quand la graine a pu s'accrocher au roc, en dépit de tous les obstacles, et l'enrichir, on devrait, au moins, ne pas négliger cette leçon. Les premiers hommes qui ont trié les plantes et choisi les herbes potagères avaient d'autres méthodes. C'est ne pas être digne d'eux que de délaisser leur exemple.

Le crédit individuel ne pourra, tout de suite, être appliqué que pour un petit nombre de circonstances : le mariage, la création de la maison de famille, l'aide à l'entreprise nouvelle, d'accord avec les banques populaires, l'achat de terres à mettre en valeur, tout cela sur des bases strictement financières. Ainsi des jeunes gens se marient. Le jeune homme a un métier. On lui avance dix mille francs remboursables à raison de cinquante francs par mois, intérêt compris, de sorte qu'il puisse se libérer en dix ans.

S'il veut s'acquitter avant ce délai, les intérêts correspondants lui seront défalqués. Une famille désire avoir sa maison ? On lui avance les fonds nécessaire pour la bâtir, par compte courant, mais on exige qu'elle soumette le plan à la Caisse de crédit public, pour acceptation, afin d'éviter les horreurs qu'on a laissé édifier autour des villes. Les paiements seraient espacés sur vingt ans, à 6 % d'intérêt. Un garçon aventureux veut s'établir outre-mer ? D'accord avec la Banque Nationale des Colonies, qu'il faudrait évidemment compléter par une Banque Nationale des Pays Etrangers, un pécule lui serait confié, qu'il ferait fructifier de son mieux. Le prêt d'honneur a toujours donné peu de mécomptes. Le crédit organisé sur ces bases offrirait le minimum d'inconvénients. En cas de pertes sérieuses on étudierait l'utilisation d'un timbre-poste spécial, analogue au timbre de la Croix-Rouge lancé au Danemark pour la lutte contre la tuberculose et le découvert serait bouché. Les syndicats utiliseraient cette possibilité pour leurs membres. La paix sociale, la transformation nécessaire de la société ne pourraient qu'en profiter.

Si la France donnait cet exemple grandiose tous les Etats se mettraient à son école. Après avoir créé la démocratie politique, elle assurerait la démocratie économique, elle permettrait de mettre chacun à sa place dans l'ordre, la facilité, l'amitié. L'Europe s'en porterait mieux car tous les Etats reprendraient ses idées constructives comme la création de la Banque de Hollande fut imitée par tous les pays du monde. Comme ces mesures doubleraient la faculté d'achat des habitants, l'industrie aurait de nouveaux clients par millions. Le syndicalisme international, la Chambre de Commerce européenne pourraient tisser de vastes réseaux d'intérêts, tandis que la Société européenne des nations créerait les organismes que l'unité européenne impose. Ce programme financier n'intéresse pas seulement la nation française; il est l'un des facteurs de la construction de l'Europe.

AUTOUR DES PARTIS POLITIQUES

Deux partis politiques, en France, ont, depuis longtemps, des visées internationales : celui des catholiques sociaux, bien organisé, état-major valeureux complété par des troupes fidèles ; les socialistes, dont on ne contestera ni la valeur, ni le talent, ni le dévouement passionné à leurs idées. Le parti radical-socialiste, sous l'impulsion de Franklin-Bouillon, pendant la guerre, a noué des relations avec les partis correspondants des nations de l'Entente. M. Albert Milhaud a largement étendu ce programme et le parti radical-socialiste est en rapports avec les partis correspondants des diverses nations. Son nouveau secrétaire général, M. Edouard Pffeifer connaît bien l'importance et la fécondité de ces relations.

Le mieux organisé de ces partis, celui qui a compris le travail moderne, est évidemment le groupe des catholiques sociaux à qui les Jésuites ont facilité l'acquisition d'un outillage pratique. Le parti socialiste est certes moins bien équipé. Le parti radical-socialiste ne l'est guère. Pourtant la documentation précise, les dossiers bien nourris sont indispensables pour une action sérieusement menée. Les partis qui ne se mettront pas à l'école du document exact commettront bien des maladresses. Ils ne peuvent dédaigner les questions les plus essentielles de ce temps. Si la paix n'était qu'un état d'âme elle ne serait pas facile à imposer, mais c'est un état de faits. Il faut donc les connaître. Or nous constatons que le Parlement français s'est bien préoccupé du carburant national, parce qu'une clientèle électorale y était intéressée, mais a négligé la T. S. F. dont la portée mondiale et les formidables conséquences auraient dû mériter ses soins. Il ne sait même pas que notre pays, dans ce domaine où il fut le premier, est en retard sur l'Espagne !

Les questions politiques ne suffiront plus pour les électeurs et les partis. On ne saurait éternellement se battre autour de la laïcité ou de la paix. La France est d'esprit laïque et, si elle respecte les croyances, son anticléricalisme est farouche. On ne saurait la doter, même avec des blocs enfarinés, d'un autre idéal. La France veut la paix par tous les moyens sympathiques qui pourront être mis en œuvre. Ses nationalistes purs sont aussi peu nombreux que dépourvus de danger. Comme on ne s'appuie que sur ce qui résiste les partis ne sauraient longtemps encore vivre sur ces deux idées-forces qui se sont unies. Un parti qui a triomphé doit découvrir un autre programme ou entrer en décomposition.

Les nécessités de construction européenne verront éclore deux grands partis. L'un sera conservateur et patriote. Il aura les catholiques sociaux à son aile gauche qui appuieront la politique extérieure de leurs rivaux. Le parti socialiste formera le centre d'attraction de l'autre, démocratique d'instinct. Les réactionnaires continueront à voter pour le pire, bien que cela ne leur ait jamais réussi, mais, tels les émigrés, ils n'ont rien appris ni rien oublié. Les mécontents étant infiniment moins nombreux, si le programme financier que nous préconisons était adopté, grossiraient le parti socialiste et ses alliés. Le groupe syndicaliste l'épaulerait, lui apportant son expérience réaliste.

Mais les partis organisés — et nous souhaitons qu'ils le soient réellement, sous la forme des grands clubs anglo-saxons — enverraient, constamment, des *missi dominici* à travers l'Europe, se familiariseraient avec leurs proches d'ailleurs, prépareraient un Parlement international qui ne pourrait présenter que des requêtes, des vœux, des recommandations, mais qui compléterait heureusement celui qui a tenu ses assises en août 1927, et qui est destiné à devenir une institution officielle, auprès des Etats généraux des Nations de l'Europe. Pour préciser notre pensée, ce Parlement international pourrait bien être la Chambre des Pairs ou des Lords, le Sénat, tandis que les Etats généraux rappelleraient la Chambre des Députés ou Chambre des Communes, en liaison plus directe avec le suffrage universel.

Les catholiques sociaux, qui n'ont guère de représentants au Parlement français, et dont l'apôtre, plutôt que le doctrinaire, est M. Marc Sangnier, ont un rôle considérable à jouer. Ils recueilleront, par leur politique internationale, tous les éléments libéraux de la droite, ceux qui croient au libre-échange, ceux qui sacrifient à l'esprit de l'Evangile. Ils seront les médiateurs entre la droite et la gauche, mais feront partie de la majorité pour tant de problèmes qu'il sera malaisé de leur refuser quelques sourires et des avantages plus substantiels, cela d'autant plus que leur position, en Europe, sera prépondérante. Le catholicisme social constituera un parti d'importance pour l'Allemagne du Sud, l'Autriche, la Tchécoslovaquie, la Pologne, la Belgique. Il sera soutenu par le Vatican, grande puissance morale, sans doute, mais dont l'esprit diplomatique est à plus longue portée que les canons perfectionnés. Ces modestes aperçus permettent de mieux saisir pourquoi Rome est hostile aux partis nationalistes et l'un des motifs qui ont valu l'excommunication à l'*Action Française* royaliste. Certes nous, aurons vu l'Eglise évoluer depuis l'alliance du Trône et de l'Autel. Mais qui aurait prédit, il y a un siècle, que Rome proposerait d'en appeler à un referendum, pour protéger ses droits, n'aurait excité que ricanements. Pourtant, quand les libéraux mexicains ont dressé Montézuma contre le Christ, les prêtres catholiques de la Nouvelle-Espagne ont offert de s'en remettre au suffrage universel. Constater que cette théocratie se fie au parlementarisme international, et le protège, pourrait être une surprise pour tant de nos contemporains, persuadés que la politique est une éthique, tandis qu'elle est la science du possible.

Le socialisme, représentant la démocratie économique, et celle-ci peut être élaborée sans barricades, en utilisant le capital, qui est la souplesse même et se prête à tous les moyens d'affranchissement, s'épanouira et son règne sera long, surtout s'il se garde des hérésies ruineuses en conservant son unité, même au prix des motions nègre-blanc, qui gênent le logicien mais ont des raisons plus sérieuses que la raison elle-même. Représentant le IV° Etat il n'aura aucune peine à placer le Tiers-Etat de 1789, grandi avec la monarchie de Juillet, sous son obédience. Il aura fallu la guerre et ses suites calamiteuses pour obtenir ce résultat, car il pourrait être proche. Nous a-t-on assez signifié, depuis Karl Marx, que la force est l'accoucheuse des sociétés ! Les disciples de Nietzsche avaient admis, à leur tour, ce principe. Mais au-dessus de la Force et en triomphant il y a le Désir et l'Idée. Pourquoi le méconnaître ?

Le socialisme, dans le groupement européen, aura d'autant plus la part belle que le catholicisme social, dirigé par Rome, sera évidemment annihilé par les partis protestants, plus nationalisés et qui redouteront l'emprise vaticane. Les partis libéraux, épris de liberté, le soutiendront et leur appui ne sera pas négligeable. Les partis politiques pourront présenter, on le voit, plus d'esprit de cohésion qu'on ne l'imagine communément. Ceux qui les avaient voués à l'incohérence devront en rabattre. La Fédération des Etats-Unis d'Europe pourrait connaître moins de difficultés qu'on pourrait le croire en se fiant au chaos actuel.

Ceux qui imaginent la crise du suffrage

universel, on le voit par ces indications, se leurrent. Il est très vivant. Il n'a pas accompli son cycle. Pour prévoir sa ruine il faudrait d'autres indices que ceux offerts à nos méditations. Il s'étalera. Après son triomphe complet il pourrait manifester des signes de faiblesse. Les institutions comme les hommes, doivent évoluer et sont périssables.

Les partis politiques s'adapteront, force que la paix utilisera. Ils affirment la nécessité d'une Europe et y poussent, comme dirigés par une fatalité. Mais quand on a un peu réfléchi il est malaisé de n'être pas déterministe. Avec le recul indispensable on s'apercevra que le 11 mai a hâté la construction de l'Europe. L'instinct des peuples a fréquemment prouvé qu'il était plus clairvoyant que nos sages professionnels.

Si l'Europe vit, nous aurons d'autres cauchemars car le bonheur est interdit à l'humanité, née inassouvie. Du moins, nous serions assurés que l'espèce ne périrait pas dans un cataclysme effroyable.

LES ARMÉES ET LA PAIX

L'ESPRIT de guerre n'est pas mort, certes, et ce n'est pas parce qu'il y a des armées et des militaires. Ce ne sont pas les gendarmes qui créent les malfaiteurs S'ils n'existaient pas la pègre serait plus audacieuse. Sa mobilisation évita à la Suisse d'être entraînée dans le conflit de 1914 et meurtrie. Qui ne redouterait le vent de haine qui souffle sur l'Allemagne, ferait preuve d'un optimisme excessif car il nierait les faits, hélas trop éloquents. Les plans juridiques de désarmement, les campagnes pour la Paix par le Droit nous ont toujours paru redoutables parce qu'ils vont à l'encontre de leur but. Les conversations de La Haye n'ont pas amoindri les atrocités de la tuerie mondiale. Quand l'existence même des peuples est en jeu comment s'étonner que le duel classique se transforme en partie de catch as cach can. Le droit sans la force est une dérision, notait Blaise Pascal. Il ne faut donner des ordres aux femmes que si elles sont disposées à leur obéir. Aux Nations également.

Le colonel Eychène, l'un des plus remarquables esprits de notre époque, avait proposé de doter la Société des Nations d'une force internationale, répartie autour des lieux stratégiques. M. Paul-Boncour s'était inspiré de ces vues d'un soldat qui aime son métier et comprend sa nécessité. Si des contingents scandinaves, tchèques, français et roumains gardaient la tête de pont de la Rhénanie, par exemple, les Anglais le canal de Kiel, les Anglais et les Australiens le canal de Suez, les Espagnols et les Allemands celui de Gibraltar, les Belges, les Hollandais et les Français le Danube, la sécurité du Rhin étant confiée aux Italiens et aux Polonais, les risques d'agressions seraient diminués. Mais la société des Nations, sans milices, ne peut jouer le rôle de sur-Etat que désirait Léon Bourgeois. Cela vaut mieux. Il ne faut pas forcer les événements. Les peuples n'auraient aperçu que les inconvénients de ces méthodes. Les nationalismes se seraient dressés contre elles. La Société des Nations aurait subi le choc de tous les mécontentements. La moindre faute lui aurait été imputée à crime. Elle aurait expiré parce qu'il est nécessaire qu'un gland soit planté pour qu'un chêne verdoyant règne sur la forêt, longtemps plus tard. Henri Heine remarquait qu'il n'avait pas confiance dans les enfants nés avant neuf mois. Le temps est nécessaire aux idées comme aux œuvres humaines. C'est seulement le sixième jour que les trompettes firent s'écrouler les murs de Jéricho.

Les armées sont, actuellement, la sauvegarde des nations. Or la gendarmerie demeurera nationale, comme les troupes coloniales ; mais si les armées gardent étroitement leur caractère patriotique, la guerre peut éclater avant que les facteurs de paix aient exercé leur action louable. On n'a pu désarmer l'Allemagne. Dans les régiments que le Traité de Versailles l'a autorisée à conserver, des centaines de milliers de volontaires ont été entraînés. On ne pouvait interdire à la jeunesse germanique de s'enrôler dans les sociétés de gymnastique. Comme les usines de toute nature peuvent se transformer en fabriques de mort subite en quelques jours, les précautions sont chimériques. Pour avoir la paix, ainsi que pour se marier, il faut être deux. Il est trop exact que malgré l'interdiction de la Conférence des Ambassadeurs et dans les régions occupées, c'est-à-dire sous notre surveillance directe, le Reich a construit des lignes stratégiques et qu'il dispose de forces réelles. Il est naturel que les patriotes en soient tourmentés, que les populations des frontières en soient hérissées. On ne peut, en un tournemain, voir s'épanouir les forces d'union que nous avons indiquées. De grandes bottes écraseront-elles les germes favorables avant leur éclosion? Supposons l'invraisemblable: demain, reconnaissant l'excellence de nos plans ou de projets analogues, on les adopte, on les applique, il n'en reste pas moins qu'une écume de sang peut noyer l'Europe avant qu'ils aient pu exercer leur bienfaisance. Ce n'est pas seulement l'Allemagne qui nous hallucine, c'est la Russie, formidable chantier de démolitions.

Mais le Reich n'a-t-il pas le droit de se dire : On abuse de ma faiblesse on me fait boire le calice du *Vœ Victis* jusqu'à la lie ? On donne, par là, des armes à mes revanchards. On m'incrimine pour des actions qui m'étaient inconnues. Si la Commission interalliée, si la Conférence des Ambassadeurs ignorèrent que l'on construisait des forts dans l'Est, comment tout mon peuple l'aurait-il su? La France poussa un cri de joie lorsque les troupes allemandes, après le payement de l'indemnité de guerre, évacuèrent ses départements. Croyez-vous qu'il soit agréable, pour un peuple fier, de voir ses provinces occupées? J'ai promis de ne pas vous attaquer, de considérer vos frontières comme sacrées. Si vous ne vous fiez pas à ma signature il est dérisoire de me l'avoir demandée. Comment répondre à ceux qui prétendent que vous ne cherchez pas tant la paix que notre humiliation? Nous avons perdu la guerre, jusques à quand nous en accablerez-vous? Vous voulez des garanties, mais les accords ne valent qu'entre égaux. Vous voulez substituer l'entente à la force des baïonnettes, alors pourquoi cette armée ? Le traité de Francfort n'a pas été suivi d'un Locarno. Autres temps, autres mœurs. Le passé ne justifie pas le présent, si dissemblable.

Peut-on méconnaître la valeur de ces arguments?

Le traité de Versailles exigeait la destruction de l'Allemagne ou sa soumission sous la menace d'une forêt de canons et de mitrailleuses bourdonnant aux carrefours. Locarno appelle une autre politique. C'est pourquoi, d'ailleurs, il épouvante les tenants de l'ancien ordre, les adeptes de la paix sur le tambour. Notre temps nous condamne à vivre dangereusement. Locarno paraît, à certains, exagérer le péril. Les mêmes terreurs, qui sont justifiées, se remarquent dans tous les pays, et leurs raisons sont profondes. Locarno c'est une nouvelle médication, assurée *in anima vili* et sans observations préalables.

Elle est salvatrice, la guérison est assurée.

hosannah ! jouez hautbois, résonnez muset-
tes, cueillez toutes les palmes, même les aca-
démiques, pour ceux qui ont libéré les hommes
de la mort fratricide. Ainsi clament les enthou-
siastes, qui n'ont aucune lumière spéciale, il
faut bien le reconnaître. Dans le champ des
idées, combien sont des Lampitos à l'excessif
tempérament...

Mornes, renfrognés, hagards, dans l'attitude
d'Ugolin après qu'il a dévoré ses enfants, les
incrédules regardent passer les cortèges des
publicains et murmurent, comme le Prophète:
« Malheur sur Jérusalem ! Malheur sur Jérusalem ! ». Ils sont persuadés que le patient va
trépasser. Certains seraient bien embêtés de
se tromper !

En l'absence de remarques préliminaires,
Locarno est du domaine de l'expérience. C'est
un essai thérapeutique, ce n'est pas une méthode certaine. Aux partisans mystiques, aux
négateurs systématiques, comme nous préférons les hommes de bonne volonté que la
passion n'égare pas. Sans doute ce sont les
passionnés qui font les Empires, mais ils les
défont également.

Dans tous les cas, on ne peut rester éternellement entre le zist et le zest. Nous connais-
sons les fruits des traités d'équilibre, les vieux
airs de la force qui, par respect humain, n'ose

pas s'asseoir, tout simplement, sur l'adversaire, le guet silencieux du malchanceux. On ne peut, à la fois, demander le respect des traités et négocier avec leurs victimes. Il faut choisir. Nous sommes à une période où les deux formules n'ont pas trouvé de terrain d'entente. L'une et l'autre cherchent un compromis.

Or nous possédons encore une supériorité militaire sur l'Allemagne, non seulement par nos armements, la valeur des positions stratégiques que nous dominons, la situation politique du Reich, l'assurance que nos alliés d'hier seraient à nos côtés et que la Petite-Entente rallierait au canon, l'application du plan Dawes qui nous assurerait, en cas d'attaque, la sympathie des Etats-Unis et l'ouverture de crédits, la maîtrise de la mer. Nous ne pouvons donc craindre une agression germanique à l'heure présente car ce serait un coup de folie. Ou l'Allemagne calcule tout et s'efforce de ne rien laisser au hasard, comme on le croit communément, ou elle agit par foucades, sans se soucier des résultats. D'autres vivent d'amour et d'eau fraîche. La haine et l'espoir lui suffiraient. Si l'Allemagne calcule, elle ne nous sautera pas à la gorge. Il faudrait que nous tombions bien bas pour qu'elle s'y résolût.

Puisque le présent n'est pas redoutable, ne pourrait-on écarter les armées et se rapprocher des rêveries locarniennes, parmi lesquelles l'olivier ne poussera que si les ententes succèdent aux accords et les décisions aux pactes. Oh! certes, ce ne sera pas commode.

Après la guerre, les P. T. T. belges et français se mirent d'accord pour étudier une union postale. Tout y poussait: la logique, l'intérêt, le sentiment, les souvenirs communs, la fraternité des armes. Néanmoins une muraille postale fut édifiée entre les deux nations parce que tous les beaux arguments ne purent influencer le ministère français des Finances qui redoutait une diminution de recettes pour le Trésor ! Cette proposition partit à la fosse commune, sans fleurs ni couronnes. Or si une petite union, aussi modeste, n'a pu aboutir, en dépit des vœux publics, des désirs les plus estimables, quels obstacles connaîtra une politique systématique de rapprochements remplaçant la traditionnelle attitude des chiens de faïence ! Surtout que tant d'intérêts qui ne seront peut-être pas lésés à l'usage, croiront l'être, et se mettront au travers des projets, telle l'anguille de Melun, qui crie avant qu'on l'écorche. Or l'économie sera profondément et nécessairement troublée par les ententes économiques. Chercher, de part et d'autre, le minimum de sacrifices est la raison même.

Supposons que grâce au plan Dawes on construise le Transsaharien. Le plan Dawes nous offre un milliard de francs de marchandises par an. Nous sommes loin d'en exiger autant. Il conviendrait, tout de même, que la France ne mérite pas le reproche que lui adressait Lénine sur son esprit petit-bourgeois. Nous pourrions avoir plus d'envergure sans rien y perdre, au contraire. Or le Transsaharien coûterait un milliard de francs environ. Le tracé est connu. L'aqueduc installé sur tout son parcours ne serait plus nécessaire avec les moteurs Diesel qu'on alimenterait avec les arachides et les huiles lourdes dont les dépôts seraient faciles à établir. Le Transsaharien mettrait à trois jours d'Alger la boucle du Niger, aussi riche que l'Egypte, c'est-à-dire nous permettrait d'avoir un marché magnifique, aux débouchés prestigieux, à portée de la métropole. Si les réparations allemandes sont un châtiment nous ne leur devons rien pour les fournitures qui nous sont assurées. Mais Locarno transforme cette obligation en collaboration. Ne serait-il donc pas admissible que les marchandises allemandes, qui utiliseraient le Transsaharien bénéficient d'un privilège ?

Il faut transformer les puissances qui ont signé les accords de Locarno en Fédération et pour cela il convient d'oublier bien des articles du Traité de Versailles. Il faut multiplier les associations d'intérêts, délibérément. Après tout les terrains d'entente ne manquent pas. En dehors des industries-clefs : fer, houille, laine, coton, potasse, papier, phosphates, bauxites, produits agricoles, produits chimiques, il y a des occasions pour chercher et trouver des prises de contact. Il n'est pas jusqu'aux états-majors qui ne converseront, mais après les divers éléments nationaux. Alors un organisme commun remplacera les Etats-majors adverses d'antan. Parce qu'on peut discerner cette évolution il est convenable de la préparer.

Mais comment les éléments magnifiques dont la foi, l'intelligence, l'énergie furent tournées vers des ennemis mortels, qui se sont infligés les plus grièves blessures durant quatre ans, ne seraient-ils pas désorientés par ces bizarreries? Comment ne penseraient-ils pas qu'il y a de la trahison sous roche? Le brillant officier qui chanta soir et matin le *Wacht am Rhein* pendant des années ne peut digérer Locarno. C'est un os qui ne passe pas. Ses réflexes ne sauraient l'admettre.

Il ne faut pas omettre d'en tenir compte.

Les armées se transformeront, mais il est inutile de les alarmer. Si l'on peut construire l'Europe, et on le peut, certainement, il ne faut pas ameuter les esprits, agiter des périls imaginaires et faire croire à des braves gens que leurs intérêts sont menacés. Quand les trublions cesseront-ils de prendre leurs contemporains pour des canailles ou des imbéciles? Ils ne sont ni aussi bêtes ni aussi méchants qu'ils l'imaginent. L'homme est moyen comme le Français auquel s'adressait M. Edouard Herriot, c'est ce qui rend si compliqué de le faire aller où l'on voudrait, et même où il cherche à se rendre.

Un autre péril menace l'armée, c'est qu'une faction l'agite afin de s'en servir. Avec l'épouvantail de la patrie en danger on pourrait obtenir quelques résultats. La vigilance des gouvernements peut épargner ces sottises.

Depuis 1919, plusieurs politiques ont été possibles. La plus intéressante, la plus complète, la plus harmonieuse procède de Locarno. Pour en admettre une autre il faudrait qu'elle échouât. Mais Locarno exige des actes, plus que des paroles. Nous en sommes encore fort loin. Après le protectionnisme intégral né de la guerre, après la mobilisation de toutes les forces nationales et leur exaltation, il n'est pas facile de chercher d'autres méthodes des divinités nouvelles.

Ayons confiance et aidons l'avenir. Le règne de la paix n'appartient pas aux chimères. Il dépend de nous qu'il soit édifié, de notre intelligence, de notre ingéniosité. Ne mériterait-il pas plus de sacrifices qu'il n'en exigera? Aussi n'avons-nous aucune raison de le bouder, au contraire.

Et ne soyons pas surpris d'évoluer, de voir changer nos idées et nos croyances, les événements vont plus vite que les années en ce temps où tout est mobile, tourmenté et où le monde, éperdument, cherche son unité. Il fait penser à ces clowns qui mettent une boule d'ivoire en équilibre. Mais le clown ne songe qu'à faire briller son adresse tandis que la famille humaine voudrait bien trouver le repos, même si elle doit l'établir sur lé nez pointu d'un principe!

POUR UNE LANGUE INTERNATIONALE

Nous ne connaîtrons guère que les inconvénients de cette évolution. Malheureuse génération sacrifiée, grandie dans l'angoisse, ayant la claire notion du péril, se préparant au choc monstrueux, dépassée par l'ampleur de la bataille et qui doit ignorer la saveur de la tranquillité, qu'elle a tant méritée! Lutter toujours est son lot. Elle a vu s'écrouler les notions de valeur et doit renoncer à ce qu'elle considérait comme ayant des vertus talismaniques. Quand nous sommes partis pour la grande tourmente, aurions-nous pu prévoir les bouleversements qui se produiraient durant des décades!

Nous avions bien songé à l'utilité d'une langue internationale. Elle est, désormais, indispensable. Le monde est trop petit pour tous les idiomes. Il faut en admettre un qui appartienne à tous, qui sera la deuxième langue de chacun et donnera tant de facilités. Il faudra lutter pour l'acquérir. Nous n'en cueillerons pas les roses mais les épines. Pourtant il faut aller de l'avant, sans se décourager. L'esprit du XX° siècle l'exige.

Quelle sera-t-elle?

Le traité de paix de Versailles a été rédigé en deux langues, l'anglais et le français. La Société des Nations a adopté officiellement l'anglais et le français ; elle y a ajouté l'allemand. Au XIX⁰ siècle on n'aurait pu concevoir une autre langue universelle que le français. Aujourd'hui il faut choisir entre le français, l'anglais, l'allemand, l'espagnol et le latin. Chacune a de bonne raisons à faire valoir. Aussi une langue auxiliaire se propose, l'espéranto, pour jouer ce rôle de langue internationale. Elle s'apprend commodément. Elle est facile à parler et à écrire. Elle a des centaines de milliers d'adeptes. Les diverses langues artificielles qui ont été proposées sont intéressantes mais l'espéranto est la plus en vue, celle qui a le mieux su trouver des propagandistes et des partisans. La loi du nombre a une valeur en l'occurrence. L'espéranto complète les grandes langues occidentales. Il ne se propose pas de les remplacer, mais de les doubler.

Il est évident qu'il ferait reculer, s'il était choisi, les diverses langues mondiales. La culture française, qui est encore celle d'une grande partie de l'élite, en particulier, en recevrait un dommage. Des milliers de nos amis, épars dans le monde, en seraient douloureusement émus. La langue française n'est pas qu'un moyen de s'exprimer: c'est une culture. L'esperanto ne saurait avoir cette ambition. Mais si les peuples ne peuvent se mettre d'accord sur une langue nationale, pour l'internationaliser, si les revendications personnelles menacent de renouveler la Tour de Babel, l'espéranto s'imposera. Un grand corps organisé ne pourra s'en tenir à des dialectes disparates. Une langue commune consacrera l'unité. Or le xix⁰ siècle a prouvé qu'on ne pouvait infliger une langue par la force. Où l'Allemagne a échoué contre les Polonais, rien ni personne ne réussira. L'espéranto sera-t-il proposé par l'Internationale syndicale et la Chambre de Commerce européenne ? Il l'est déjà par l'Union Internationale de radiophonie. Les hommes ont tendance à se diriger vers le facile. Les Académies n'y peuvent rien. Les souvenirs et les cultures ne pèseront pas pour leur choix. S'en préoccuper n'est donc pas absurde. Tristan Bernard recommandait, en 1915 : « Nous avons été surpris par la guerre, ne nous laissons pas surprendre par la paix. » Ne soyons pas étonnés quand les questions fatales se posent. C'est préférable.

Quant à imaginer qu'il serait plus simple d'en faire adopter une ayant des racines millénaires, nous rappelons cette anecdote qui illustre Jules Claretie. Un auteur vint se plaindre à l'administrateur du Théâtre-Français parce qu'une artiste refusait de jouer un rôle. Jules Claretie s'emporta : « C'est inadmissible, je vais lui parler, je lui imposerai ce rôle, je l'obligerai à l'apprendre dès ce soir... Seulement, voudra-t-elle ? »

Il convient donc d'examiner l'espéranto.

Sans doute c'est une langue artificielle, mais cela est peu gênant, toute langue ayant commencé par être artificielle, avant de gagner ses titres de noblesse. Nous ne naissons pas en sachant parler, même le langage des anges. Le grave c'est qu'une langue naît, vit, c'est-à-dire se transforme, et meurt. Si l'espéranto était d'ores et déjà cristallisé, ce qui est inadmissible, il aurait résolu un grave problème.

L'espéranto évoluera. Or, en dépit des écoles et de l'imprimerie, on constate que l'anglais des Etats-Unis diffère de l'anglais des Iles britanniques ou de l'anglais des Afrikanders. le francais des créoles des Antilles ou des îles de l'Océan Indien n'est pas celui de Paris, en perpétuel renouveau. La langue, lien social, participe du milieu et est fécondée par lui. L'espéranto ne sera-t-il pas influencé par les divers rameaux de la famille humaine? En ce cas, n'ayant que des traditions sans racines, n'ayant pu devenir la chair et le sang des peuples, ce qu'est une langue, ne comporterait-il pas plus d'inconvénients qu'une langue vivante déjà, au long passé? Ne serait-il pas condamné à se diversifier au point d'être incompris des provinces où il serait utilisé? N'a-t-il pas fallu traduire Rabelais en français moderne? Qui ne connaîtrait l'anglais que par Shakespeare ne serait-il pas incompris en Angleterre, même à Oxford?

Les espérantistes répondent à cela : Sans doute l'espéranto évoluera comme toute autre langue, mais c'est une langue auxiliaire qui se transformera partout en même temps. Elle ne remplacera pas les langues nationales. Elle ne sera pas parlée habituellement. L'imprimerie la complétera, la fixera en faisant connaître partout ses variations.

C'est justement ce qu'il faudrait démontrer.

Les espérantistes n'ont pas eu l'ambition de faire admettre une langue d'usage courant. Ils ont prétendu mettre à notre disposition un langage pratique qui compléterait celui que nous utilisons. A cela ils ont, avec esprit, limité leur propagande. Ils ont désiré un idiome pour le tourisme et les affaires, un argot pour globe-trotters débrouillards. Quand le docteur Zamenhof l'imagina il ne pouvait avoir une autre conception. Aussi n'a-t-il pas forgé une langue, au sens profond du mot, mais un patois. C'est la cause de son agrément et de son succès. Mais la langue internationale, que l'humanité désire obscurément, comporte des nécessités différentes. Elle ne doit pas être un complément puisqu'elle aurait une importance diplomatique, puisqu'elle serait la langue officielle de la Confédération européenne, puisqu'elle serait parlée, journellement, par des millions d'êtres qui la modifieraient comme un fleuve arrondit les cailloux. Sans doute tel envoyé de Rome a pu visiter les prêtres des diverses nations et se faire entendre d'eux en leur parlant uniquement latin. Le latin, en l'occurrence, était utilisé comme une langue auxiliaire, mais s'il avait été la seconde langue de tout être humain il aurait vite cessé d'être une langue morte et ce n'est pas dans Cicéron qu'on aurait pu l'apprendre, car il aurait été fort différent de celui de Tacite et de saint Augustin. Ce n'est pas d'une langue auxiliaire que l'Europe et l'humanité ont besoin, c'est d'une langue réelle ayant un passé, un présent, un avenir. Chargé d'un rôle pour lequel il n'a pas été créé, l'espéranto comporterait de tels inconvénients qu'il devrait être abandonné. Autant il peut rendre de services en attendant l'adoption généralisée d'une langue occidentale, autant il se ruinerait en voulant poéter plus haut que son luth. C'est un bon employé, ce serait un fâcheux patron. La langue internationale sera une langue-maître ou ne sera pas. En attendant qu'on se mette d'accord sur elle et qu'elle soit complètement entrée dans les mœurs, la langue auxiliaire internationale a donc encore de beaux jours.

La question de la langue internationale reste donc entière. Il faut aimanter vers elle tous les esprits constructeurs en les priant d'oublier leur patriotisme natif et leur égoïsme. Notons que si les Français avaient compris l'intérêt d'une propagande raisonnée nous n'aurions pas à divaguer sur ce sujet. L'universalité de la langue française, acquise au XVII° siècle, étendue par le Premier Empire, ne serait pas amoindrie, il s'en faut. Mais à quoi sert de se lamenter sur le passé ? L'avenir est là qui sera vécu par nous et nos fils. Que M. Raymond Poincaré, le type même du Français, ait cru devoir, à près de soixante ans, apprendre l'anglais, en dit long sur nos erreurs d'hier comme sur le bouleversement du monde.

*
* *

La France, à laquelle nous n'avons cessé

de penser, en essayant de voir l'Europe, a toujours un rôle passionnant à jouer. Sans elle l'unité européenne est impossible. Elle est et restera le grand sympathique qui liera les efforts de l'humanité. Que pourrait-elle craindre pour son originalité ? Elle demeurera éminemment créatrice, semeuse d'idées, d'actions, de rêves généreux. Elle est le jardin, la parure, la joie familière des hommes de partout, heureux et fiers de la proclamer leur seconde patrie. Elle est la mère des arts et des sciences, fils de l'ingéniosité et de l'amour. Elle est la colonisatrice par excellence car non seulement elle anime les races, mais elle les rend fécondes, en les humanisant. Elle a enseigné la liberté aux peuples et la justice aux Etats. La guerre aurait pu lui apporter maints avantages. Elle lui préfère la paix bien qu'elle sache se battre. Sa puissante originalité n'a pas à redouter les internationales. Paris, auberge et Université des Nations, en est la preuve.

Elle sera l'esprit et le ciment de l'Europe qui ne pourra être instituée que lorsqu'elle vivra en nous.

Elle suggérera, également, que les tyrannies économiques ont le même sort que les coups d'Etat politiques. Les projets les plus magnifiques ne valent pas une réalisation modeste. On a vu des coopératives payer leur personnel moins bien que des commerces rivaux et en convenir parce qu'on leur faisait honte. Le caporalisme industriel est au moins aussi insupportable que la chiourme. Il sera toujours agréable de courir après le bonheur, même en se leurrant. Les jardins à l'anglaise sont reposants après la promenade dans les rêveries cartésiennes du jardinier Le Nôtre. La comparaison des résultats obtenus par un système exciteront les tenants d'une autre formule. Paris est agréable à vivre et l'on s'y sent adorablement chez soi parce qu'il y a une multitude de sociétés dans les arts, les sciences, les lettres, les salons, les fréquentations, les cafés, les théâtres comme la production. On y est indulgent. On y sait qu'on peut goûter cela sans trouver ceci exécrable. Tous les livres sont bons, assurait un vieux boulevardier, il n'y a que de mauvais lecteurs. De même les systèmes. Ils se corrigent l'un par l'autre. On peut comparer la sociologie sans trop d'inconvénients à la médecine. Elle a fini par reconnaître qu'il n'y a guère de maladies mais des malades. Laissez agir la liberté, croyez en l'individu et bien des maux seront guéris. La plupart des inventions les plus merveilleuses ont été négligées par tous les gens en place, bureaux, banquiers, gens d'affaires, académies et autres compétences, mais sauvées par quelques braves gens obscurs. Multipliez les moyens de se tirer d'affaire pour chacun et la société n'ira pas plus mal, au contraire. Cela la France, avec ses dons multiples et son génie individualiste, l'enseignera à ses émules. Il est bon qu'un malchanceux puisse trouver les moyens de refaire sa vie. Une société rigide créerait trop d'outlaws, qui n'auraient qu'un souci : l'abattre, au risque de périr avec elle. Entre le régime de la forêt vierge, dont nous sommes dotés, et celui des jardins de Versailles qui hante le communisme intégral, il y a de la marge. Et nous ne sommes pas des arbres ! Telle idée qui nous paraît ridicule sera reprise demain et les multitudes se passionneront pour elle. Fuyants, mobiles, influençables, nous ne sommes pas seulement conditionnés par le milieu et le régime manufacturier. Et qui n'est pas un fier Sicambre? Cela la France saura le dire et elle évitera bien des larmes à tous ceux qui n'ont pas encore appris qu'il ne faut pas jouer avec les allumettes.

Quant à épargner à l'homme tout ce qui pourrait lui nuire comment y réussirait-on ? La Belle-au-Bois dormant se piqua, en dépit de toutes les précautions. On peut voir, dans les rues atroces de Marseille, jouer des petits garçons et des petites filles, familiers des prostituées qui continuent les filles de Vénus, dans les mêmes lieux. La plupart seront de bons pères, de braves mamans peut-être parce qu'ils ont vu les visages du vice avec toutes ses rides et sa bestialité. Nous ne savons pas quelles réactions produit un souvenir dans un esprit. Le laboratoire ne nous enseigne rien à ce sujet.

La France donnera le goût de la liberté féconde à l'humanité. Elle lui dira que seul l'esprit fraternel rend le monde possible pour tous. Ne tuons pas les chimères, car il y a, parmi elles, des oiseaux sublimes. Or même si l'on est enfermé dans un palais on n'en est pas moins prisonnier.

A instruire de tout cela, qui est sa raison d'être, la France ne perdra rien de son âme et restera la patrie de tous ceux qui ont senti battre son noble cœur.

Viroflay, septembre 1927.

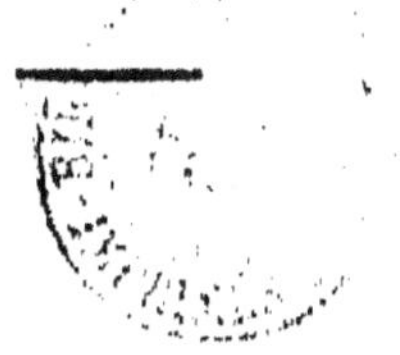

IMPRIMERIE INDUSTRIELLE,
7, RUE DU SERGENT-BLANDAN, ISSY-LES-MOULINEAUX
(SEINE)

BIBLIOTHEQUE NATIONALE DE FRANCE

3 7502 00558480 2